ÍNDEX

I.
CONTEXT POLÍTIC I BIOGRÀFIC DE PLATÓ

1 CONTEXT POLÍTIC DE L'AUTOR

Des de finals del segle VI a.C., debilitat el poder de l'aristocràcia, i després d'altres formes de govern com la monarquia i l'oligarquia, la forma de govern d'Atenes fou la democràcia, fundada per Clístenes. La democràcia és la forma d'organització política de l'Estat en què el poble o *demos* governa. Suposa, a més, la igualtat de tots els ciutadans davant de la llei i el mateix dret a participar en **l'Assemblea**. L'Assemblea és l'òrgan polític més important de la democràcia atenesa. Les seues principals funcions eren discutir i aprovar les lleis de la ciutat, decidir sobre la pau i la guerra i elegir els magistrats. A diferència de la democràcia moderna —només indirecta i representativa—, la democràcia atenesa era directa, de manera que tots els ciutadans atenesos eren membres de l'Assemblea, amb dret de veu i de vot. Però de fet a penes un 25% de la població d'Atenes tenia el rang de *ciutadà*, perquè les dones, els xiquets, els esclaus i els estrangers no eren considerats com a tals i, per tant, estaven mancats de drets polítics.

Com l'Assemblea no podia estar permanentment reunida, hi havia un **Consell o Bulé** format per 500 membres. Cada un dels 10 districtes en què estava dividida Atenes elegia **per sorteig** 50 d'aquests membres. El Consell preparava els projectes de llei per ser discutits i votats per l'Assemblea. A més existia un **Consell Executiu**, format per 50 magistrats, que desenvolupava la funció de Govern, executant les decisions adoptades per l'Assemblea i exercint en nom seu el poder. Cada mes, els 50 representants d'un districte desenvolupaven aquesta funció, i cada dia, un membre diferent era el president del Consell Executiu.

Atenes i la democràcia tingueren anys de màxim esplendor en el segle V a.C., amb la direcció de Pericles (493 – 429 a.C.), uns pocs anys abans del naixement de Plató. Tanmateix, l'últim quart del segle V a.C., època que coincideix amb la infantesa i la joventut de Plató, va ser un dels períodes més agitats i tristos de la història d'Atenes. Fou una època de convulsions polítiques i de descomposició interna a causa de la incompetència dels seus dirigents i de les lluites intestines pel poder entre el **bàndol democràtic** (partidari de la democràcia) i el **bàndol oligàrquic** (partidari del retorn a formes de govern tradicionals, com l'oligarquia o la monarquia). En aquesta època tenen lloc les **Guerres del Peloponés**, que enfrontaren Atenes i Esparta, i que a més culminaren amb la humiliant derrota d'Atenes l'any 404 a.C., cosa que suposà el final de la seua hegemonia política i militar en el món grec. Molts atenesos d'aleshores culparen la democràcia d'aquest desastre i alguns —especialment entre els aristòcrates— pensaren que un segle de democràcia tan sols havia servit per a portar Atenes al desastre i a la humiliació.

Després de derrotar-la militarment, Esparta abolí la democràcia a Atenes i imposà un govern oligàrquic format per 30 membres de l'aristocràcia atenesa (l'anomenat **"Govern dels Trenta Tirans").** Lluny de restaurar l'ordre, els Trenta Tirans sembraren el terror i dugueren a terme una feroç repressió contra els demòcrates, que es veieren obligats a exiliar-se. A més intentaren, sense aconseguir-ho, implicar Sòcrates, que era mestre de Plató, en els seus crims. Aquest Govern durà poc més d'un any, fins que el 403 a.C. **Trasíbul,** líder del bàndol democràtic, organitzà una revolta popular que derrocà els Trenta Tirans, acabà amb l'oligarquia i reinstaurà la democràcia a Atenes. Tanmateix, amb el nou Govern democràtic tampoc no acabaren les injustícies, ja que jutjaren i condemnaren a mort Sòcrates, segons Plató el "més just dels homes", amb l'acusació de delictes contra la religió i de corrompre la joventut amb els seus ensenyaments.

2 BIOGRAFIA DE PLATÓ. L'AUTOR I LA SEUA ÈPOCA

Plató naix a Atenes, l'any 427 a.C., en una època en què comença el declivi polític i militar de la seua ciutat, i mor el 348 a.C. El seu nom vertader fou Aristocles, però l'anomenaren Plató en al·lusió a la seua ampla esquena. Pertanyia a una família aristocràtica: Aristó, son pare, era descendent del rei àtic Codre, i sa mare, Perictione, era germana de Críties i neboda de Càrmides, dos oligarques que formaren part del Govern dels Trenta Tirans l'any 404 a.C. La seua joventut estigué marcada per la llarga guerra entre Atenes i Esparta i per la inestabilitat política atenesa, deguda als enfrontaments i lluites pel poder entre el bàndol democràtic i el bàndol oligàrquic.

Als vint anys conegué el filòsof Sòcrates, de qui es féu amic i deixeble. Sòcrates exercí una extraordinària influència sobre la seua vida i sobre el seu pensament. Tal com ens conta Plató en la "Carta VII", des de molt jove sentí interés per la política i fins i tot tingué ocasió de participar directament en la vida política d'Atenes, en ser invitat per uns parents (Críties i Càrmides) a col·laborar en el Govern dels Trenta Tirans. Plató rebutjà aquesta invitació en comprovar la política de terror i els crims que cometeren. Després de la condemna a mort del seu mestre Sòcrates, ja sota el nou règim democràtic, Plató arribà al convenciment que ni l'oligarquia ni la democràcia eren capaces de governar la ciutat amb justícia i conduir-la amb harmonia. L'execució de Sòcrates fou l'esdeveniment que el portà a renunciar, definitivament, al desig d'implicar-se en la política de la seua ciutat, i d'ençà intentà buscar en la filosofia el remei als problemes polítics del seu temps. En efecte, després de viure molt de prop aquests avatars i convulsions, Plató arribà a la conclusió que **tots els Estats de la seua època estaven mal governats**, i tractà de trobar, mitjançant la filosofia, una espècie de medicina política que es poguera aplicar als emmalaltits règims polítics d'aquell temps. És llavors quan començà a gestar la idea que **un Govern format per filòsofs seria l'únic capaç de governar l'Estat amb justícia (proposta política del filòsof governant)**.

Després de la mort de Sòcrates, Plató viatjà per Egipte, i també per les colònies gregues del sud d'Itàlia, on entrà en contacte amb els pitagòrics. Realitzà tres viatges a Siracusa (Sicília), invitat pels tirans que hi governaven, amb l'objectiu d'encarregar-se de la seua educació filosòfica i de la seua formació política. Allí Plató tingué l'ocasió de portar a la pràctica els seus projectes de reforma política, però fracassà, i fins i tot posà en perill la seua vida. L'any 387 a.C., després de tornar del primer viatge a Siracusa, fundà a Atenes la seua escola de filosofia, que anomenà "Acadèmia". S'hi estudiava no sols Filosofia, sinó també Física, Geometria, Astronomia i Aritmètica. L'Acadèmia havia de servir principalment per a la formació de futurs polítics i governats, en un nou intent d'aplicar la seua proposta del filòsof-governant.

TEXT COMPLEMENTARI: LA "CARTA VII"

La "Carta VII" és un document autobiogràfic de Plató extraordinàriament interessant, ja que exposa en ella **la motivació clarament política de la seua filosofia**: allò que el portà a dedicar-se a la filosofia fou el desig d'il·luminar i millorar el govern de l'Estat. Plató ens conta els detalls dels seus tres viatges a Siracusa i dels fracassats intents de posar en pràctica la seua idea d'un Govern de filòsofs. Tot seguit, et presentem un fragment d'aquesta carta, on Plató ens parla de decepcions i desil·lusions, i d'una època d'inestabilitat i de revoltes polítiques, de sobresalts i d'injustícies, en què s'estan perdent els antics valors morals tradicionals. Acaba proposant, com a remei a aquesta situació i com a medicina política per als Estats emmalaltits del seu temps, la seua **teoria del filòsof governant**, que és el nucli fonamental de la teoria política platònica:

"Quan jo era jove, vaig passar per la mateixa experiència que molts altres: vaig pensar dedicar-me a la política tan prompte com fóra amo dels meus actes. I vet aquí les vicissituds dels assumptes públics de la meua pàtria a què vaig haver d'assistir. El règim polític que imperava aleshores[1] *era objecte de general censura, i es produí una revolució*[2] *al capdavant de la qual s'instal·laren com a cabdills cinquanta-un homes: deu en el Pireu i onze en la capital, mentre que trenta s'instauraren amb plens poders al capdavant del Govern en general. Es donava el cas que alguns d'aquests eren parents i coneguts meus*[3] *i, en conseqüència, requeriren de seguida de la meua col·laboració, perquè entenien que es tractava d'activitats que m'interessaven. La meua reacció no és d'estranyar, donada la meua joventut: vaig pensar que ells governarien la ciutat apartant-la d'un règim de vida injust i duent-la a un ordre millor, de tal manera que els vaig dedicar una atenció apassionada, per veure si ho aconseguien. I vaig veure que, en poc de temps, feren que l'anterior règim ens semblara bo, fins i tot com una edat d'or. Entre els abusos que cometeren enviaren un amic meu, l'ancià Sòcrates, de qui jo no tindria inconvenient a afirmar que fou el més just dels homes del seu temps, a arrestar un ciutadà per conduir-lo a la força a ser executat*[4]*, ordre donada amb la finalitat que Sòcrates quedara, de bon grat o per força, implicat en els seus crims. Per cert que ell no obeí, i s'arriscà a patir tota classe de càstigs abans de fer-se còmplice de les seues iniquitats. Veient, dic, totes aquestes coses i unes altres de semblants, totes molt greus, ple d'indignació em vaig inhibir de les malifetes d'aquell període.*

No gaire temps després, caigué la tirania dels Trenta i tot el sistema polític imperant[5]*. De nou ara, encara que menys impetuosament,*

---

[1] Es refereix al règim democràtic, després de la humiliant derrota enfront d'Esparta l'any 404 a. C.

[2] Es refereix a la revolució política que posà fi a la democràcia i instaurà el Govern dels Trenta Tirans, recolzats per Esparta.

[3] Críties i Càrmides, membres del Govern dels Trenta, eren respectivament cosí i germà de la mare de Plató.

[4] Es refereix a Leont de Salamina, líder del bàndol democràtic. Aquest fet prova que Sòcrates no fou col·laboracionista dels Trenta Tirans.

[5] Es refereix a la revolta democràtica liderada per Trasíbul, que reinstaurà la democràcia un any després.

m'impel·lí el desig d'ocupar-me dels assumptes públics de la ciutat. Ocorrien, sense dubte, també sota aquell govern, per tractar-se d'un període turbulent, moltes coses que podrien ser objecte de desaprovació, i no té res d'estrany que, enmig d'una revolució, algunes persones es venjaren excessivament dels adversaris. Tanmateix els repatriats d'aleshores[6] *es comportaren d'una manera molt moderada. Però es donà també la casualitat que alguns que estaven en el poder portaren als tribunals el meu amic Sòcrates, a qui acabe de referirme, sota l'acusació més iniqua i que menys se li avenia. En efecte, uns l'acusaren d'impietat, i uns altres condemnaren i executaren l'home que un dia no consentí a ser còmplice de l'il·lícit arrest d'un partidari dels qui llavors eren proscrits i patien les adversitats del desterrament. Com més atentament observava jo coses com aquestes i observava també els homes que exercien els poders públics, així com les lleis i els costums, alhora que per l'edat anava adquirint maduresa, més difícil encara considerava administrar els assumptes públics amb rectitud. No em semblava, en efecte, que fóra possible fer-ho sense comptar amb amics i col·laboradors dignes de confiança, i trobar-los no era fàcil, perquè la ciutat ja no es regia pels costums i pràctiques dels nostres avantpassats, i aconseguir-ne amb facilitat altres de nous era impossible. D'altra banda, tant la lletra com l'esperit de les lleis s'anaven corrompent, i el seu nombre creixia amb extraordinària rapidesa. D'aquesta manera jo, que al principi estava ple d'entusiasme per dedicar-me a la política, en tornar l'atenció a la vida pública i veure-la arrossegada en totes direccions per tota classe de corrents, vaig acabar sentint vertigen, i encara que no vaig deixar de reflexionar sobre la manera d'introduir-hi una millora, sí que vaig deixar, tanmateix, d'esperar noves oportunitats d'intervenir activament. I vaig acabar per adquirir el convenciment, respecte a tots els Estats actuals, que estan sense excepció mal governats. En efecte, allò referent a la seua legislació no té remei sense una extraordinària reforma, acompanyada a més de sort per a implantarla. I em vaig veure obligat a reconéixer, tot lloant la vertadera filosofia, que d'aquesta depén obtenir una visió perfecta i total del que és just, tant en el terreny polític com en el privat, i que no acabaran els mals del gènere humà fins que els veritables filòsofs ocupen els càrrecs públics, o bé els que exerceixen el poder en els Estats arriben, per especial favor diví, a ser filòsofs en l'autèntic sentit de la paraula"* (PLATÓ, "Carta VII").

[6] Es tracta dels partidaris del partit democràtic, que havien estat desterrats sota el Govern dels Trenta, i que després de la reinstauració de la democràcia tornaren a Atenes.

3 LES OBRES DE PLATÓ

Plató escrigué les seues obres en forma de diàleg, en la majoria dels quals el personatge "Sòcrates" és qui du la veu cantant. Els diàlegs platònics solen portar el nom del personatge que fa el paper d'interlocutor principal de Sòcrates, i sovint també el títol del tema tractat. El pensament de Plató anà evolucionant des dels primers diàlegs als últims, per això les seues obres solen agrupar-se en quatre períodes:

I. **Període socràtic**: Els diàlegs d'aquest període reflecteixen el pensament i la personalitat del Sòcrates històric. El tema fonamental són les virtuts. A aquesta època pertanyen: *Apologia de Sòcrates, Critó (Del deure), Eutifró (De la pietat), Laques (De la valentia), Protàgores (Dels sofistes), Càrmides (De la temprança), Lisis (De l'amistat)*, "Llibre I" de *La República (De la justícia).*

II. **Període de transició:** Plató està trobant el camí de les seues pròpies opinions. D'aquest període destaquem els diàlegs següents: *Gòrgies (De la retòrica), Menó (De la virtut), Eutídem, Hípies I (Del bell), Hípies II (Del mal),Cràtil (Del llenguatge).*

III. **Període de maduresa:** En aquest període Plató ja està en possessió de les seues pròpies concepcions: desenvolupa la teoria de les idees, la seua teoria del coneixement i la seua filosofia política. Hi destaquem: *El Banquet (De l'amor), Fedó (De l'ànima)*, els restants llibres de *La República* i *Fedre (De l'amor).*

IV. **Període de vellesa o crític:** En aquesta època repassa algunes de les seues teories, tot corregint-les, explicant-les o ampliant-les. Pertanyen a aquest període: *Teetet (Del coneixement), Parmènides (Del ser), El sofista (De l'error), El polític (Del govern), Fileb (Del plaer i del bé), Timeu (De la naturalesa), Críties, Les lleis,* "Carta VII" i "Carta VIII".

LA GRÈCIA ANTIGA AL SEGLE V a.C.

II.

CONTEXT FILOSÒFIC DE PLATÓ

La filosofia sorgeix en les colònies gregues de la Jònia i de la Magna Grècia en el segle VI a.C., com a alternativa racional a les explicacions de caràcter mitològic. Aquest fenomen es coneix com a pas del mite al *logos,* o pas del mite a la raó. Al segle IV a.C., època en què Plató comença a dedicar-se a la filosofia, Grècia comptava ja amb dos segles de tradició filosòfica. La filosofia de Plató, per tant, no sorgeix del no-res, sinó del debat amb la tradició filosòfica en què es desenvolupa. D'aquesta tradició, Plató replegarà alguns elements, incorporant-los a la seua filosofia, mentre que en rebutjarà i criticarà d'altres. En la filosofia anterior a Plató cal distingir dos grans moments o èpoques: **La filosofia presocràtica** (segles VI – V a.C.) i l'anomenada **"il·lustració atenesa"** (segle V a.C.).

1 LA FILOSOFIA PRESOCRÀTICA (VI – V a.C.)

La filosofia presocràtica es va centrar fonamentalment en problemes físics i cosmològics (origen de l'univers, estudi de la Natura, recerca d'un primer principi o element a partir del qual s'hauria originat l'univers, etc.). Es desenvolupà en les colònies que els grecs fundaren a la Jònia i al sud d'Itàlia, en el període que va des del segle VI a.C. fins a la primera meitat del segle V a.C. **Els filòsofs de la Jònia**, a diferència dels de les colònies gregues del sud d'Itàlia, basaren les investigacions en l'observació empírica, és a dir, en la informació que ens subministren els sentits. Aristòtil els anomenà "físics" per la seua preocupació per l'estudi de la Natura *(physis*, en grec). Es pot dir que amb ells no sols s'inicia la filosofia, sinó també la ciència. Dins d'aquest grup cal mencionar els filòsofs de Milet (Tales, Anaximandre i Anaxímenes), així com Heràclit, Empèdocles, Anaxàgores i Demòcrit. En canvi, els **filòsofs itàlics** basaren les investigacions sobre la natura i l'univers en raonaments especulatius i abstractes, ja que consideraren que els sentits ens proporcionen una informació enganyosa i poc fiable i, per tant, només a través de la raó es pot aconseguir la veritat. Dins d'aquest grup cal incloure Parmènides i la seua escola, així com els pitagòrics. **Plató sintonitzarà més amb el grup de filòsofs itàlics que no amb els jònics.**

Com hem dit, l'objecte d'estudi dels filòsofs presocràtics és la Natura o el Cosmos; per això sovint són també anomenats "Filòsofs de la Naturalesa". A més, molts d'aquests filòsofs desenvoluparen també l'astronomia, l'enginyeria, les matemàtiques, etc. Així mateix, pretengueren explicar les lleis que regulen les transformacions i els canvis observables al món físic o material, convençuts que en la Naturalesa hi ha un cert ordre i que està governada per lleis inalterables, les quals imposen als fenòmens una determinada necessitat i regularitat. Així, per exemple, el descobriment d'algunes d'aquestes regularitats de l'univers permeté, ja en aquella època, dur a terme vertaderes gestes científiques, com ara la predicció, per Tales de Milet, d'un eclipsi solar, ocorregut el 28 de maig del 558 a.C. A causa de la seua especial influència sobre el pensament de Plató ens centrarem en tres d'aquests filòsofs presocràtics: els pitagòrics, Heràclit i Parmènides.

En resum: en oposició als Filòsofs de la Naturalesa, Plató considerarà que l'objecte d'estudi de la filosofia no pot ser la Natura o l'univers físic i canviant. La raó d'açò és que per a Plató no hi pot haver coneixement vertader d'allò que canvia, d'allò que naix i mor, i en la Natura tot canvia i es transforma. Sobre aquestes coses tan sols podrem formular opinions, però no coneixement científic. Així doncs, la Filosofia de la Naturalesa no és considerada per Plató ciència en sentit estricte, sinó simple opinió.

1.1. L'escola pitagòrica

Pitàgores de Samos (571 – 497 a.C.) fundà l'escola que du el seu nom a Crotona (sud d'Itàlia), encara que, més que una escola, era una comunitat de caràcter místic i religiós, els membres de la qual eren vegetarians i seguien una sèrie de preceptes i normes estrictes de conducta.

- **Les coses són nombres:** Plató entrà en contacte amb el pitagorisme en els seus viatges per Sicília. Els pitagòrics cultivaren la música, l'astronomia i les matemàtiques, i foren els primers a fer-les progressar. En el terreny de la música descobriren l'existència d'una sorprenent relació entre els intervals de l'escala musical i els nombres. La seua **teoria fonamental** afirma que **les coses són nombres**, o que els nombres constitueixen les **essències** de les coses. En efecte, els pitagòrics estaven convençuts que la realitat tenia una estructura matemàtica, i que l'univers i el cel eren en el fons harmonia i nombres. Creien que, coneixent i investigant els nombres i les seues relacions, estaven investigant l'essència mateixa de la realitat.

- **La teoria sobre l'ànima (Psicologia)**. La concepció pitagòrica de l'ànima està influïda per la religió òrfica, segons la qual el cos és una espècie de presó o tomba per a l'ànima. Per als pitagòrics l'ànima s'havia d'alliberar del cos. Aquest alliberament sols era possible aconseguir-lo després de purificar-se a través de successives reencarnacions en diferents cossos, i mitjançant el conreu de les matemàtiques i de la filosofia. A més, els pitagòrics concebien l'ànima com una estranya **harmonia** del cos, i donat que l'Univers era per a ells també harmonia i ordre (la paraula grega *cosmos*, que designa l'univers, significa en aquesta llengua "ordre i bellesa"), la funció principal de l'ànima consistia en el coneixement de l'ordre i l'harmonia divines de l'univers, ja que *l'igual havia de relacionar-se amb l'igual*. Així, l'ànima, que és harmonia del cos, tendeix al coneixement del *cosmos* o harmonia matemàtica de l'univers.
- **Teoria del coneixement**. Per als pitagòrics la via d'accés al coneixement de la realitat i de l'univers no són els sentits, sinó el raonament matemàtic. Si bé els pitagòrics no distingiren clarament entre coneixement i opinió (distinció fonamental en Plató, com veurem), el menypreu del cos i del saber sensible, així com la importància concedida al coneixement racional, als raonaments abstractes i al conreu de les matemàtiques, són un antecedent del pensament de Plató.

En resum: Plató fou en realitat un pitagòric. Per això la seua filosofia està abundantment impregnada d'elements pitagòrics: la teoria del coneixement, el menyspreu dels sentits, la desvaloració del cos i la concepció d'aquest com a presó de l'ànima, la idea de justícia com a harmonia, la importància de les matemàtiques i els nombres com a expressió de l'ordre i de l'harmonia de l'univers, la concepció de la naturalesa divina i immortal de l'ànima, i del coneixement racional com a via de purificació, la transmigració de les ànimes, etc.

1.2. Heràclit d'Efes

Heràclit nasqué a la colònia jònica d'Efes i visqué probablement entre el 544 i el 484 a.C. Va morir, doncs, quasi 60 anys abans que nasquera Plató, qui conegué el seu pensament a través de Cràtil, deixeble d'aquell. Heràclit ha passat a la història de la filosofia com el filòsof que afirmà que **"tot flueix", tot canvia i res no roman**. Aristòtil resumeix el pensament d'Heràclit amb la frase: "*Totes les coses estan en moviment i res no està aturat*". Comparant les coses amb el corrent d'un riu, Heràclit deia que "*no es pot entrar dues vegades en el mateix riu, perquè els qui s'hi endinsen se submergeixen sempre en aigües distintes*". L'univers és per a Heràclit una permanent i eterna lluita de contraris (fred i calent, humit i sec, dia i nit, etc.) En l'univers cada cosa tendeix a transformar-se en l'oposat: allò calent es transforma en fred, i allò fred en calent; allò que és viu mor, i d'allò mort sorgeix de nou alguna cosa viva; allò sa es transforma en malalt, i allò malalt en sa. El que ara hi ha, naix de la destrucció i mort del que hi havia abans, i així successivament. Res no roman.

En resum: Plató conegué la filosofia d'Heràclit a través de la versió deformada de Cràtil, i l'entengué en el sentit que la realitat física és evanescent, no permanent, tot canvia i res no hi ha d'estable en l'univers. Plató accepta d'Heràclit la idea que en el món físic i material tot canvia i tot està en perpetu esdevenir. Però Plató anà més enllà d'Heràclit i n'extragué la conclusió que és impossible aconseguir un coneixement vertader i cert de la realitat física, ja que d'allò que canvia no pot haver-hi coneixement.

Tanmateix el veritable pensament d'Heràclit no és aquest darrer, ja que ell afirmava que els continus canvis en la Natura es produeixen sempre d'acord amb una Llei Còsmica, Mesura o Raó Universal, fixa i eterna, que denominà *Logos*. Aquest *Logos* governa l'Univers i el seu coneixement és accessible a la raó humana.

1.3. Parmènides d'Elea

Parmènides nasqué a Elea, colònia grega del sud d'Itàlia, aproximadament l'any 540 a.C. Mor l'any 470 a.C., uns 43 anys abans de nàixer Plató. Podem considerar-lo com el creador de la lògica. Influí notablement en Plató per l'interés d'aquell a abastar la veritat, que ha de romandre eterna i sense canvis, així com pel seu menyspreu del saber sensible i la seua defensa de la raó com a única font fiable de coneixement. Parmènides distingeix dues vies de saber: **la via de la veritat i la via de l'opinió.**

a) **La via de la veritat**. És el veritable camí del coneixement. Parteix de l'afirmació bàsica i inqüestionable que "EL SER ÉS I EL NO-SER NO ÉS", a partir de la qual, mitjançant deduccions i raonaments purament lògics, sense recórrer en absolut a la informació que ens donen els sentits, s'arriba al coneixement de la realitat i de les seues característiques. Aquesta via, doncs, prescindeix dels sentits, que només ens proporcionen aparences enganyoses. El seu objecte és el que Parmènides denomina **el Ser, allò que existeix** (la vertadera Realitat). Seguint la pròpia lògica de la raó, i partint del principi que "allò que és, és, i allò que no és, no és", Parmènides arriba a la conclusió que el Ser és **únic, ingènit** (no té principi, existeix des de sempre), **imperible** (existirà sempre), **indivisible, immutable** (no canvia) i **complet**.

Ja que el Ser (el que existeix, la realitat) és únic i immutable, Parmènides considera que la pluralitat i el canvi no són reals, sinó enganyoses aparences dels sentits. Els sentits semblen ensenyar-nos que en la Natura no existeix *un únic Ser*, sinó *molts éssers* que canvien i es transformen. Tanmateix la implacable lògica de la raó ens diu que tot és u, i que el que existeix és una única realitat (el Ser), immutable, indivisible i sense parts, per tant **la pluralitat i el canvi que ens mostren els sentits no poden ser reals, són meres aparences**.

b) **La via de l'opinió**. És la via de "EL SER ÉS I NO ÉS", cosa que és contradictòria i contravé la ferma veritat que *allò que és, és, i allò que no és, no és*. Es tracta d'una via enganyosa. És la via dels sentits, no de la raó. Els sentits, en efecte, ens diuen que una cosa *és* açò i *no és* allò altre, quan en realitat tot és ser i **tot és u, la multiplicitat és tan sols aparença**. Si seguim aquesta via —la via dels sentits— tan sols obtindrem mera opinió, és a dir, un saber enganyós, basat només en les aparences dels sentits.

En resum: Plató acceptarà de Parmènides l'oposició entre el saber enganyós que ens ofereixen els sentits i el coneixement vertader que ens ofereix la raó. Així, la distinció parmenídea entre la via de l'opinió i la via de la veritat pot ser considerada, tot i que amb certes reserves, un antecedent de la posterior distinció platònica entre coneixement científic i opinió. A més, Plató pren de Parmènides la convicció que la veritat és quelcom únic, absolut, universal i permanent. D'altra banda, Plató accepta de Parmènides l'oposició entre l'aparença sensible i l'autèntica realitat. Les Idees platòniques —l'objecte propi del coneixement i autèntica realitat— tenen de fet característiques semblants al Ser de Parmènides: són també ingènites i imperibles, eternes i immutables.

2 EL SEGLE V a.C.: LA "IL·LUSTRACIÓ ATENESA"

El segle V a.C. és l'època de l'esplendor d'Atenes, pàtria de Plató. En aquest segle tenen lloc grans canvis, tant en allò referent a la societat i la política com en les preocupacions filosòfiques. En el terreny social i polític triomfa la democràcia i, sota la direcció de Pericles, Atenes aconsegueix l'hegemonia militar i política en el món grec. En el terreny filosòfic l'estudi de la Natura passa ara a un segon pla, i es produeix un gir antropocèntric en la temàtica; ara els filòsofs se centren fonamentalment en la reflexió sobre els problemes socials i humans: l'ésser humà, la societat, la felicitat, la moral, la política, les lleis, l'educació, etc. En aquesta època, denominada la "il·lustració atenesa", Atenes es converteix en un viver de noves idees i teories, on cal destacar, d'una banda, els anomenats **"sofistes"**, i d'altra **Sòcrates**, mestre de Plató.

2.1 Els sofistes

Els sofistes foren un grup de pensadors i intel·lectuals grecs que afloraren en l'Atenes democràtica durant la segona meitat del segle V a.C. Però, més que res, els sofistes foren educadors, i poden ser considerats com un producte genuí de la democràcia atenesa. En efecte, la instauració de la democràcia a Atenes féu possible que el poble prenguera part en les decisions polítiques, i que alguns ciutadans pogueren accedir al poder i a càrrecs de responsabilitat política fins a aquell moment reservats a l'aristocràcia. Amb això aparegueren noves necessitats formatives i educatives per als ciutadans, ja que, amb la democràcia, l'única manera d'aconseguir el poder i l'èxit social i polític és convéncer, mitjancant paraules i discursos, en l'Assemblea o en els Tribunals. Dins d'aquest nou context polític els sofistes acompleixen la seua principal funció: ensenyar i formar aquells ciutadans que aspiren a l'èxit social o a triomfar en política. Per aconseguir-ho, l'important és convéncer i persuadir mitjançant la paraula, encara que el que es diga no sempre siga veritat. La veritat és, al capdavall, sempre **relativa** —pensen els sofistes—, o potser no existeix. Per això, entre els seus ensenyaments, els sofistes inclogueren disciplines com ara l'oratòria (l'art de parlar bé en públic), la retòrica, l'erística (l'art de discutir), etc. Molts dels sofistes foren grans oradors i experts en l'art de la paraula; alguns presumien de poder parlar sobre qualsevol tema, i de poder convéncer el públic d'alguna cosa per, de seguida, convéncer-lo de tot el contrari.

Alguns sofistes cèlebres foren **Protàgores, Gòrgies, Hípies, Trasímac, Calicles, Pròdic,** etc. Encara que els sofistes no foren un grup homogeni ni constituïren una escola, ni possiblement un moviment com a tal, tots ells tenen una sèrie de punts en comú que els identifiquen malgrat les diferències:

1. Com hem dit, la seua activitat principal és **l'educació**. Són els primers professionals de l'ensenyament, els primers que cobraren per ensenyar i que feren de l'educació un mitjà de vida (en alguns casos cobraven quantitats molt considerables, tot depenent del prestigi que tingueren).
2. Encara que visqueren a Atenes, la majoria dels sofistes eren estrangers, arribats d'altres ciutats gregues. En ser estrangers estaven mancats de drets polítics, i per tant no podien participar directament en la política de la ciutat.
3. Vinculats inevitablement a la democràcia, sovint tingueren en contra seua els sectors més conservadors, partidaris de la tradició i de les antigues formes de govern (oligarquia, monarquia).

Encara que la paraula *sofista* fou des de molt antic sinònim de "savi" (*sophós* significa en grec "savi"), més tard anà adquirint el sentit pejoratiu d'"hàbil enganyador" o especialista en l'art de l'engany mitjançant la paraula. Plató considerarà els sofistes com a impostors que oculten la ignorància paraulejant, i els al·ludeix amb expressions com ara "caçadors assalariats de joves adinerats", "comerciants d'ensenyaments que alimenten l'ànima", "atletes en els debats", "prostituts de l'esperit", "xarlatans terribles", etc. Tanmateix, en l'actualitat, els sofistes han estat millor valorats i es considera la Sofística com un moviment de difusió cultural molt important, que aportà idees absolutament innovadores.

A banda d'educar, en el terreny filosòfic alguns sofistes desenvoluparen teories originals i polèmiques, com ara **el relativisme, l'escepticisme, el convencionalisme i l'empirisme polític, que comptaren amb l'oposició de Plató**. Vegem-les:

a) **El relativisme** afirma que no existeixen veritats absolutes, que qualsevol veritat és sempre relativa. Expressió d'aquest relativisme és la frase de Protàgores: "*L'ésser humà és la mesura de totes les coses; de les que són en allò que són i de les que no són en allò que no són (...) Per a qui està malalt l'aliment és i sembla amarg, mentre que, per a qui està sa, és i sembla el contrari*". Segons els sofistes no hi ha diferència entre la veritat i el que ***sembla*** veritat. La veritat és allò que a cada u li ***pareix*** que és veritat. **El mateix és ser i paréixer.** Per tant, qualsevol opinió és vertadera (almenys per a qui l'emet), i per això no hi ha cap diferència entre *conéixer vertaderament* alguna cosa i *opinar* sobre ella. Afirmen, doncs, al contrari de Plató, que *tot coneixement és simplement opinió*.

b) **L'escepticisme** considera que no podem estar absolutament segurs de res, perquè és impossible conéixer la veritat. El sofista Gòrgies fou un clar exemple d'aquesta actitud: "*No hi ha ser; si n'hi haguera no podríem conèixer-lo; si el coneguérem no podríem comunicar-lo mitjançant el llenguatge*". Contra Sòcrates i Plató, els sofistes estaven convençuts que la raó humana és incapaç d'oferir un coneixement objectiu i cert de la realitat, i a més, que el llenguatge humà no pot ser mai un reflex adient i fidel de la realitat. El llenguatge només serveix per a persuadir, emocionar i convéncer en l'Assemblea, però no per a expressar veritats objectives i universals.

c) **El convencionalisme** consisteix a afirmar que tant les institucions polítiques com les lleis i la moral són productes de decisions o de convencions humanes, preses en un moment històric determinat. Les lleis de la ciutat i les normes morals són així perquè s'ha *convingut o acordat* que així siguen, però res no impedeix que puguen ser d'una altra manera. En efecte, els sofistes havien pogut comprovar en nombrosos viatges que no hi ha dos pobles que tinguen les mateixes lleis ni els mateixos costums morals. D'altra banda, havien assistit també a molts canvis de lleis i de constitucions polítiques, i pensaven que era una ingenuïtat la creença tradicional sobre l'origen diví de les lleis, o les teories que les vinculaven a un ordre natural, etern i universal. El convencionalisme dels sofistes està estretament associat al **relativisme moral**, que també defensaven, i que afirmava que allò que es considera bo o dolent, just o injust, no és res fix o absolut, ni tampoc universalment vàlid, sinó que depén de cada poble i època, de la classe social a què es pertany o, fins i tot, de cada individu.

d) **L'empirisme polític** està estretament lligat a la democràcia i és així com pot denominar-se la concepció política dels sofistes. L'empirisme polític consisteix a considerar bo i just allò que, *de fet*, el poble o la majoria pren per "just i bo", sense parar-se a considerar si això és el vertaderament just i bo. Un exemple d'aquesta actitud la trobem una altra vegada en Protàgores: "*I és que aquelles coses que li pareixen justes i honorables a cada ciutat són justes i honorables per a ella mentre pense que ho són*". Segons Plató, els sofistes s'acontentaven amb el fet d'estudiar què és el que la plebs considera bo i just, quins són els seus gustos i tendències, amb la intenció d'erigir després en valors morals els apetits i desitjos del poble ignorant. Finalment ensenyaven als joves deixebles a donar al poble allò que aquest volia. Per a Plató això és el mateix que si un metge receptara, al seu pacient malalt, no allò que realment li convé, sinó allò que el malalt li demana.

TEXT COMPLEMENTARI: CRÍTICA DE PLATÓ A L'EMPIRISME POLÍTIC DELS SOFISTES

"Cadascun dels particulars assalariats als quals anomenen sofistes no ensenya cap altra cosa sinó els mateixos principis que la plebs expressa en les seues reunions, i això és el que denominen "ciència". És el mateix que si el guardià d'una criatura gran i poderosa s'aprenguera bé els seus instints i humors, i sabera per on ha d'apropar-s'hi, i per on tocar-la, i quan està més fera o més mansa, i per quines causes i en quines ocasions sol dir açò o allò, i quines són, en canvi, les paraules que la calmen o l'irriten quan les sent; i una vegada assabentat de tot açò per l'experiència d'una llarga familiaritat, ho considerara com una ciència i, havent extret una espècie de sistema, es dedicara a l'ensenyament, ignorant què hi ha realment de bell o de lleig, de bo o de dolent, en aquestes tendències i apetits, i emprara tots aquests termes d'acord amb el criteri de la gran bèstia, anomenant bo allò amb què aquella gaudeix, i dolent allò que la molesta." (PLATÓ, República, "Llibre VI", 493 a.C.)

Plató va rebutjar la majoria de les teories filosòfiques defeses pels sofistes, així com la manera d'entendre l'educació i la seua finalitat. La filosofia de Plató pot entendre's en gran mesura com una resposta a les teories sofístiques: ***el relativisme, l'escepticisme, el convencionalisme i l'empirisme en política.***

2.2. Sòcrates

a) Biografia

Sòcrates (470 – 399 a.C.), mestre de Plató, naix a l'Atenes democràtica, en l'època de major esplendor, al si d'una família modesta, de pare escultor i mare que exercia de comare. Es diu d'ell que mai no ambicionà la riquesa ni destacar en la política. No cobrava pels seus ensenyaments, ni escrigué cap llibre, perquè opinava que la filosofia sols pot practicar-se per mitjà del diàleg. Plató conta de Sòcrates que aquest dedicà la seua vida a la recerca de la veritat, interrogant-se a ell mateix i als altres sobre el bé humà, la justícia, la felicitat i la virtut. Es comparava a si mateix amb un tave incòmode i molest, que picava els altres amb les seues preguntes perquè estigueren atents a la virtut. A diferència d'alguns sofistes, que presumien de savis, Sòcrates afirmava d'ell mateix la cèlebre frase "*Només sé que no sé res*", donant a entendre que el punt de partença de qualsevol indagació filosòfica havia de ser el reconeixement de la pròpia ignorància, perquè només qui reconeix no saber està en condicions d'aprendre. Tant Sòcrates com Plató s'oposaren tenaçment a les teories dels sofistes. Després de la restauració de la democràcia per part de Trasíbul, Sòcrates fou jutjat i condemnat a prendre la cicuta, sota la falsa acusació de corrompre la joventut. Però en realitat les causes de la condemna foren polítiques: encara que no era partidari de l'oligarquia, tampoc no simpatitzava massa amb la democràcia existent i, a més, fou mestre d'Alcibíades (el mandat del qual a Atenes fou nefast) i de Críties, un dels Trenta Tirans. Aquesta tràgica mort influí poderosament en la vida i en el pensament del seu deixeble Plató.

b) La filosofia de Sòcrates

La influència que exercí Sòcrates sobre el seu deixeble Plató fou decisiva, en especial pel que fa a alguns aspectes de la seua filosofia, entre els quals destaquem: la defensa d'una concepció absolutista de la veritat i dels valors morals —en contra del relativisme dels sofistes—, el concepte d'educació, la dialèctica com a mètode educatiu, la recerca de les definicions essencials i l'intel·lectualisme ètic.

1. **Defensa d'una concepció absolutista de la veritat i dels valors morals**. Tant Sòcrates com Plató combateren tota la seua vida el relativisme i el subjectivisme dels sofistes. No negaren que hi ha moltes opinions que són merament relatives, però, oposant-se a aquells, afirmaren que una cosa són les opinions i una altra la veritat. Aquesta, a diferència d'una mera opinió, no és relativa a cadascú ni a allò que dicte una determinada societat o època històrica. Hi ha, per tant, unes certes veritats absolutes, objectives i universals, de la mateixa manera que hi ha nocions objectives i universals sobre la justícia i la bondat, accessibles a la raó i a la reflexió filosòfica.

2. **L'educació i la dialèctica socràtica**. La finalitat de l'educació ha de ser abastar la veritat per tal d'aconseguir la felicitat i la virtut. Per a Sòcrates qualsevol home posseeix dins d'ell mateix la veritat i, per tant, la tasca de l'educador consisteix a guiar-lo i orientar-lo convenientment per tal que, **per ell mateix**, done a llum i descobrisca aqueixa veritat i puga organitzar-se la vida de manera justa, d'acord amb la veritat. El mètode educatiu de Sòcrates és **la dialèctica**, que és un mètode d'investigació de la veritat basat en el diàleg entre mestre i deixeble amb l'objectiu d'aconseguir-la. La paraula *dialèctica* procedeix del vocable *diàleg* (en grec *dia-logos*, que significa recerca "a través del *logos*", és a dir, a través de la raó i del llenguatge). La dialèctica socràtica consta de dos fases o etapes:

a) **La primera fase és la ironia**, l'objectiu de la qual és aconseguir que el deixeble qüestione totes les creences de què estava segur i convençut, i s'adone que en realitat no sap allò que creia saber (per exemple, creia saber què era *la justícia*, però acaba adonant-se que no ho sap). Això s'aconsegueix fent-lo caure en contradiccions, mitjançant preguntes i arguments, quan les seues respostes són —com normalment ocorre — irreflexibles o inadequades. A partir del reconeixement de la pròpia ignorància, el deixeble està ja en disposició d'iniciar el camí cap a la veritat.

b) **La segona fase és la maièutica** que, semblantment a l'art de la comare, és l'art d'aconseguir que el deixeble, convenientment dirigit per les preguntes del mestre, arribe a parir o "donar a llum" la veritat, que ja habitava en ell. Aquesta fase ha de culminar, doncs, en el descobriment d'una veritat sobre alguna cosa (la justícia, l'amistat, la bellesa, etc.) formulada, si és possible, mitjançant una definició.

Plató accepta, en allò fonamental, aquesta manera d'entendre l'educació per part de Sòcrates, i alguns dels plantejaments socràtics ací esbossats estan a la base de la teoria platònica de la reminiscència i de la concepció que Plató té de la dialèctica, que tanmateix no coincideix exactament amb la dialèctica socràtica, amb la qual, doncs, no ha de confondre's.

3. **La recerca de les definicions essencials**. Sòcrates pensava que hi havia d'haver una característica comuna a totes les coses que considerem justes (la justícia), així com a totes les coses bones (el bé), a totes les coses belles (la bellesa) i a tota la resta de valors. Aquesta característica comuna (la justícia, el bé, la bellesa, etc.) és el que ens serveix de criteri per a distingir respectivament el just de l'injust, el bo del dolent, el bell del lleig, etc. Per això es dedicà a la recerca de les definicions de cadascun d'aquests valors, les quals havien d'expressar l'essència permanent de la realitat investigada. Així Sòcrates es plantejà preguntes com ara aquestes: "Què és, en essència, la justícia?", "què és el bé?", "què és la bellesa?", etc.

Allò que per a Sòcrates són meres definicions conceptuals o mers conceptes, Plató ho convertirà en realitats en si, immaterials, però amb consistència pròpia, i les anomenarà Idees o Formes. La teoria de les idees no és de Sòcrates, sinó de Plató, però s'inspira indubtablement en la recerca socràtica de les definicions essencials.

4. **L'intel·lectualisme moral.** És la teoria ètica de Sòcrates, que podem sintetitzar amb l'afirmació que **la virtut consisteix en el coneixement**. Més detalladament, aquesta doctrina consta de tres principis relacionats:

a) ***La virtut és coneixement***. De la mateixa manera que no pot ser un bon sabater qui no coneix l'ofici de sabater, una persona no pot ser justa si no coneix què és la justícia. Sense coneixement no por haver-hi virtut.

b) ***El vici és ignorància***. Segons Sòcrates, qualsevol ésser humà desitja el seu propi bé, però de vegades ens equivoquem i prenem el mal pel bé. L'error o la ignorància del bé són la causa del vici i de l'obrar malament.

c) ***Ningú no obra malament de manera deliberada***. Si algú coneix realment què és la justícia, *necessariàment* ha d'obrar de manera justa, i no pot obrar injustament. Si algú diguera que sap què és la justícia i, tanmateix, vérem que obra injustament, és perquè *realment* no sap el que és la justícia.

Plató acceptarà l'intel·lectualisme moral del seu mestre Sòcrates, aplicant-lo també al terreny de la política. Per això aquesta teoria ètica té una importància fonamental per comprendre el pensament ètic i polític de Plató. La proposta platònica d'un govern de filòsofs és resultat d'aplicar l'intel·lectualisme moral socràtic a l'àmbit de la política.

Sòcrates (470-399 a.C)

INFLUÈNCIES REBUDES PER PLATÓ	
A) **TEORIES O PUNTS DE VISTA QUE PLATÓ ACCEPTA**	B) **TEORIES O PUNTS DE VISTA QUE PLATÓ REBUTJA**
1. PITAGÒRICS • La seua concepció de l'ànima i de la relació ànima-cos: el cos és la presó de l'ànima, teoria de la transmigració i de la immortalitat de l'ànima. • Menyspreu del cos. • Rebuig dels sentits com a via per a aconseguir la veritat. • Importància de les matemàtiques i del coneixement abstracte. • Concepció de la justícia com a harmonia.	**1. ELS FILÒSOFS DE LA NATURALESA EN GENERAL** • Centren la filosofia en l'estudi de la Naturalesa, per tant en el món físic i canviant, d'on extraure coneixement és impossible.
2. PARMÈNIDES • Distingeix entre la via de l'opinió i la via de la veritat (semblantment a la distinció platònica entre opinió i coneixement). • Distinció entre la vertadera realitat i l'aparença (semblantment a la distinció platònica entre món sensible i món intel·ligible). • Les idees platòniques comparteixen qualitats amb el Ser de Parmènides: immutables, eternes, indivisibles, no accessibles als sentits, sí a la raó.	
3. HERÀCLIT • La realitat està en permanent situació de canvi. Tot canvia, res no roman. (Plató ho accepta, però sols referit a les realitats físiques, materials i sensibles, no a les Idees o realitats intel·ligibles.)	
4. SÒCRATES • Intel·lectualisme moral, que Plató aplica a la política. • Concepció de l'educació i de la dialèctica socràtiques. • Recerca de les definicions essencials, que Plató convertirà en Idees. • Concepció absolutista de la veritat i dels valors morals (contra el relativisme dels sofistes).	**2. ELS SOFISTES** • Rebuig del relativisme i de l'escepticisme dels sofistes. • Rebuig de la identificació sofística entre ser i aparença. • Rebuig de l'empirisme polític dels sofistes. • Rebuig de la seua forma d'entendre i de practicar l'educació.

III.

LA FILOSOFIA DE PLATÓ

1 EL SENTIT DE LA FILOSOFIA PLATÒNICA

Cal entendre la filosofia de Plató, en primer lloc, com una **reacció contra** les doctrines filosòfiques i epistemològiques dels sofistes (**el relativisme, l'escepticisme i l'empirisme politic**) i, en segon lloc, com a fruit de la insatisfacció i el descontentament de Plató amb la situació política de l'època. Recordem que el propi filòsof confessa, en la "Carta VII", que acudí a la filosofia per motius polítics, amb l'esperança de trobar-hi el remei o medicina als problemes polítics del seu temps. Segons Plató el coneixement "*perfecte i total*" del que és just, allò que podríem anomenar **la "ciència de la justícia i del bé"**, sols pot ser subministrat per la vertadera filosofia, i és imprescindible que els governants l'assolisquen per dues raons: a) En primer lloc, per a governar amb justícia la ciutat (política). b) En segon lloc, per tal de conduir-se rectament i justament en la vida privada individual, menyspreant la riquesa i els honors (Ètica), cosa que serà la millor garantia que no vagen a la política induïts per l'ambició personal, com feien, en opinió de Plató, la majoria dels dirigents polítics del seu temps. Així s'explica la necessitat que els governants siguen filòsofs i que Plató propose com a solució als mals polítics del seu temps un govern de filòsofs (**teoria política del filòsof-governant**).

La preocupació fonamental de Plató és **l'ésser humà**, però entén l'individu com un **ésser comunitari**, la vida del qual només té sentit al si de la comunitat (la *polis*). Per aquest motiu l'interés de Plató per l'individu el du, de manera immediata, a preocupar-se per la ciència de la *polis*, és a dir, per **la política**. L'objectiu de la política és aconseguir una polis o un Estat justos. Ara bé, un Estat just és, primer que res, un Estat unit i cohesionat, on tots treballen en benefici de tots, i on el bé de cada individu ha d'estar necessàriament subordinat al bé de la comunitat: l'Ètica s'ha de subordinar a la Política.

La possibilitat d'assolir un **Estat just i cohesionat** depén sobretot de l'elecció dels seus governants. Només si aquells que dirigeixen la societat són els individus adequats, és a dir, **homes virtuosos i savis**, serà possible aconseguir una societat feliç, unida i ben governada. Però solament els filòsofs poden arribar a ser aqueixa classe d'homes virtuosos i savis. Plató adopta **l'intel·lectualisme moral** de Sòcrates i l'aplica al terreny de la política, i el resultat d'això és la seua proposta del filòsof governant. En efecte, donat que, segons l'intel·lectualisme socràtic, sols poden ser justos i bons aquells que han comprés l'essència de la justícia i del bé, Plató dedueix que sols els filòsofs poden ser els governants perfectes. Així s'entén la importància fonamental que Plató atorga a **l'educació** del futurs governants, una educació que els conduïsca al coneixement sobre l'autèntica essència d'allò bo, d'allò bell i d'allò just, a fi d'aprendre a governar-se a ells mateixos, de primer, i a governar després la ciutat a la llum d'aquest coneixement.

Aquest plantejament suposa, en contra del que pensaven els sofistes, que la veritat existeix i que la raó humana pot arribar a aconseguir-la mitjançant la reflexió filosòfica. Ara bé, l'existència de la veritat i la possibilitat d'assolir el coneixement depenen del fet que existisquen certes realitats que, a diferència del que ocorre amb les canviants realitats sensibles, siguen eternes i immutables. I a aquestes realitats eternes, immutables i immaterials Plató les anomenarà ***Idees o Formes***. Per tant, l'educació del futur governant haurà de servir per a conduir-lo fins a la visió de les Idees o Formes, que constitueixen l'essència de les coses materials. Així doncs, la **filosofia política** de Plató està indissolublement vinculada i fonamentada en:

a) **Una teoria del coneixement o epistemologia**, que ens indique quin és l'origen i el camí del coneixement i com distingir la veritat de l'error.

b) **Una teoria de la realitat o ontologia**, que ens diga què és l'autènticament real i què és l'aparent.

Ambdues coses —teoria del coneixement i teoria de la realitat— es fonen en la **teoria de les Idees**, la qual constitueix el nucli fonamental de la filosofia platònica, i que s'explica en l'apartat següent.

Els temes de la filosofia platònica són molts i variats: l'ésser humà, la política, l'ètica, l'educació, l'epistemologia (teoria del coneixement), l'ontologia (teoria de la realitat), etc. Tanmateix, tots aquests temes estan estretament entrellaçats, formant **un sistema** on cadascun remet als altres.

2 LA TEORIA PLATÒNICA DE LES IDEES

2.1. Com arriba Plató a formular la teoria de les Idees?

La teoria de les idees és l'aportació més original de la filosofia platònica. Tots els aspectes de la filosofia platònica (psicologia, educació, epistemologia, política, ètica, ontologia, etc.) remeten en definitiva a aquesta teoria. Com arribà Plató a formular-la?

Com hem vist, enfront del relativisme dels sofistes, Plató defensa la possibilitat d'assolir veritats objectives, universals i absolutes, sobre **la realitat**. Però què entenem per realitat? Què és el vertaderament real? Pot haver coneixement de qualsevol realitat? De quines coses pot haver-hi veritable coneixement i de quines no? Plató està fermament convençut que de les coses del món físic i material, és a dir, d'aquelles que percebem per mitjà dels sentits, és impossible d'obtenir un coneixement vertader, objectiu i universal. En efecte, Plató accepta d'Heràclit que els objectes del món físic i material estan en un permanent esdevenir i, consegüentment, subjectes a canvis continus. I considera que, per aquesta raó, no pot haver-hi un veritable coneixement d'aquests objectes, ja que quan creguérem haver-los conegut, aleshores ja haurien canviat, i la veritat canviaria també constantment. Però si la veritat canviara a cada instant, no seria la veritat!

Per una altra banda, de Parmènides accepta que el coneixement que ens aporten els sentits és enganyós, només ens mostra l'aparença de les coses i no l'autèntica realitat, accessible només a la lògica de la raó. En conclusió, Plató està convençut que tan sols pot haver-hi veritable coneixement d'allò que no canvia, del que roman estable. Però, ¿és que existeixen realitats així, que no canvien i que romanguen sempre igual? Segons Plató han d'existir realitats així, perquè, en cas contrari, no hi hauria cap possibilitat d'assolir un coneixement científic, objectiu i vertader. Més clarament: si ha d'existir la veritat —i Plató n'està convençut— han d'existir certes realitats que no canvien i que romanen eternament estables i idèntiques a elles mateixes. Ara bé, és evident que aqueixa classe de realitats no existeix en el món visible i material, dominat pel canvi i l'esdevenir i, per tant, han d'estar "més enllà", en una altra esfera de la realitat. Seran, doncs, **realitats no materials, eternes i immutables**, i constituiran **l'objecte del vertader coneixement.** Plató les denominarà **Idees o Formes.** És així com arriba a formular la teoria de les idees.

2.2. Aproximació al concepte platònic d'"Idea"

Què són les "Idees" o "Formes"? Per comprendre aquest important concepte de la filosofia platònica anem a prendre l'exemple de la Idea de Bellesa. Si li preguntem a algú què és la bellesa és possible que el posem en un seriós compromís, i que no siga capaç de donar-ne una definició. I és molt probable que intente respondre per mitjà d'exemples: una posta de sol bella, una dona o un home bells, una bella acció, un quadre bell o una joia bella. "*Això és la Bellesa!*", dirà. Però, encara que és evident que totes aquestes coses que percebem mitjançant els sentits tenen en comú que són belles, tanmateix no són **la** Bellesa, **la** Bellesa en si. Si ens demanen una definició de Bellesa no podem acontentar-nos amb el fet d'assenyalar exemples visibles i particulars de coses belles. Malauradament, tot i que els sentits poden mostrar-nos molts exemples de coses belles, semblen tanmateix incapaços de mostrar-nos la *Bellesa en si,* és a dir, la Bellesa en abstracte, com si diguérem "descarnada" de matèria sensible. Segons Plató, sols amb la intel·ligència, i amb molt d'esforç, podrem tal vegada arribar a comprendre en què consisteix aqueixa qualitat comuna, de la qual participa tota la multiplicitat de coses materials que anomenem belles, i que fa que siguen belles. I és possible que aleshores estiguem en disposició d'oferir una definició de la Bellesa que determine l'essència única, eterna i inalterable, compartida per les múltiples coses belles que són materials i visibles. A més, una vegada aconseguit el coneixement de la Bellesa en si, serem capaços de distingir amb major claredat quan una cosa concreta i material és realment bella i quan no. És a dir, haurem abastat el criteri d'allò bell. Aquesta noció única, eterna i inalterable d'allò bell és el que Plató anomena **Idea** de bellesa. El mateix podríem haver-nos plantejat respecte d'Idees com ara la Justícia, l'Amistat, el Bé, el Triangle, l'Ésser humà, l'Animal, etc.

Però continuem amb l'exemple de la Bellesa i de les coses belles. Podem plantejar-nos la següent pregunta: Què és més real, la bellesa en si o una pintura bella? És possible que estiguem temptats de contestar que una pintura bella és més real que la Bellesa, ja que, al capdavall, la Bellesa és un concepte abstracte, intangible i immaterial, mentre que una pintura bella és quelcom concret, palpable i material. Tanmateix, Plató està convençut just del contrari: la Bellesa en si és per a ell *més real* que una pintura bella. Per què considera que les Idees són més reals que les coses materials i sensibles?

1. En primer lloc —diria Plató—, la pintura bella ho és gràcies al fet que participa de la Bellesa o, dit d'una altra manera, és bella perquè imita d'alguna manera la Bellesa en si, i aquesta n'és la causa que siga bella.

Per tant, el que té de bella li ho deu a la Idea de Bellesa, a la qual copia o imita. Plató diria que una pintura bella és menys real que la Bellesa en si, per la mateixa raó que una ombra no pot existir sense l'objecte que la produeix.

2 Però per a Plató hi hauria, a més, una segona raó: com totes les coses materials i sensibles, la pintura bella pertany a la classe de realitats fugaces, que naixen i moren. No existí des de sempre, algú la creà en un moment determinat; i alguna vegada deixarà d'existir, perquè cap cosa material i sensible no és eterna. Tanmateix la Bellesa en si, per a Plató, és eterna: existeix des de sempre i mai no deixarà d'existir. És més, encara que deixaren d'existir les coses belles, i fins i tot els éssers humans que les valoren, la noció eterna de *Bellesa* seguiria existint (de la mateixa manera que segueix existint el concepte de *dinosaure*, per bé que aquests animals s'han extingit). Això fa la Bellesa en si més persistent i real que qualsevol pintura bella.

3 Per últim, la pintura bella està sotmesa a canvis i transformacions constants. Ara pot ser bella, però res no pot assegurar-nos que, amb el pas del temps, seguisca sent-ho. Amb el temps es degradarà i envellirà, o potser canvien els gustos i les modes i en el futur ja no és considerarà bella. Tanmateix, per molt que canvien els gustos, les modes i les opinions humanes sobre allò bell, el que és la Bellesa en si romandrà sempre inalterable i immutable. Açò també la fa més real que la canviant pintura bella.

En resum: la Bellesa en si (la Idea de Bellesa) és més real que les coses sensibles belles perquè: 1. És la causa de les coses belles, el model ideal que aquestes imiten o copien, la seua essència. 2. És eterna, existeix des de sempre i existirà sempre, a diferència de les peribles coses sensibles belles. 3. És immutable, no canvia. Per a Plató ***"real" equival a etern i immutable****: l'autèntica realitat ha de ser eterna i immutable, i per això* ***les Idees són l'autèntica realitat.***

Prenguem ara l'exemple de la Justícia. Plató està fermament convençut que, a banda de la noció que en cada època històrica i en cada lloc s'ha tingut de la justícia (per exemple la justícia a l'Atenes del segle IV a.C., la justícia com la defineixen les lleis de l'Estat espanyol en l'actualitat, etc.), a banda de les múltiples i variades opinions que cada persona o cada comunitat humana tinga sobre què és just, a banda de la multiplicitat d'exemples d'accions justes que podem observar amb els nostres sentits, etc., existeix la **Justícia en si**, és a dir**, la Idea** única, eterna, immutable i universal de Justícia, en relació a la qual les múltiples coses justes i les variades opinions sobre allò just són només còpies o ombres imperfectes (algunes més o menys imperfectes que unes altres). Cap exemple de cosa justa no representa per a Plató la Justícia en si; totes aquestes coses en són, en realitat, còpies, és a dir, plasmacions concretes i materials de la Justícia en si, que és **l'essència** comuna i única d'una multiplicitat de coses justes. En conseqüència, com passava abans amb la Idea de Bellesa, qui gràcies a la filosofia arribe a assolir el coneixement de la Idea de Justícia tindrà el criteri adequat per a distingir, ja en el món sensible, quines coses són justes i quines no ho són, quines lleis són justes i quines injustes, quin governant és just i quin no ho és. Per exemple, una llei justa serà aquella que, tot i que no la plasme a la perfecció, copie millor que cap altra la Justícia en si, és a dir, se li aproxime més.

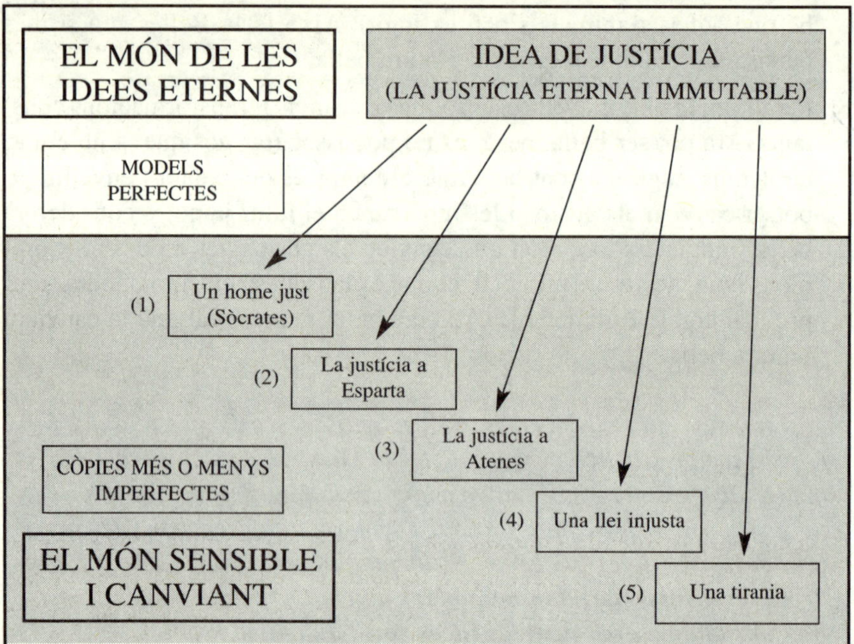

Les coses del món sensible participen de les Idees eternes. En aquest exemple, la justícia dels homes copia, de manera més o menys imperfecta, la Idea única, eterna i immutable de Justícia. Qui coneix la Justícia en si té el criteri per a discernir, ja en el món d'allò sensible, quines coses s'aproximen més a l'ideal i quines s' allunyen d'ell.

El terme *Idea*, que Plató fa servir per a designar certes realitats immaterials i eternes, no ens ha de confondre. És important adonar-se que no es tracta d'"idees" en el sentit actual de la paraula, és a dir, no es tracta de simples conceptes o continguts mentals que només existeixen en la ment que els concep. Es tracta de **realitats** immaterials i eternes, que existeixen per elles mateixes (són subsistents), al marge que una ment les pense o no, i fins i tot al marge que existisquen o no els éssers humans. Les Idees són, per tant, realitats. Més encara, com hem vist, es tracta de les úniques realitats en sentit ple, ja que el que de realitat hi ha en les coses sensibles deriva precisament de les Idees, que són les **essències** que aqueixes coses copien o imiten.

2.3. De quines coses hi ha Idees?

A banda d'Idees de **valors ètics i estètics** (Bellesa en si, Justícia en si, Bé en si, Amistat en si, etc.), també hi ha idees de **magnituds i de tots els objectes de què s'ocupa la matemàtica**: la Grandesa en si, La Petitesa en si, la Triangularitat en si, la Circularitat en si, la Igualtat en si, la Unitat en si, la Dualitat en si, etc. Igualment, existeixen Idees de tots els **éssers naturals** que poblen el món físic i dels seus atributs: l'Ésser Humà en si (l'essència comuna a tots els individus de l'espècie humana), l'Arbre en si, el Cavall en si, la Blancor en si, allò Verd en si, etc. Plató accepta fins i tot l'existència d'Idees de **coses artificials i fabricades**, com ara la Taula en si (Idea de *Taulitat*?), la Casa en si, etc. Però aleshores, de quines coses no hi ha Idees? No hi ha Idees de coses imperfectes o baixes, com ara la injustícia, l'enemistat, la lletgesa, la brutícia, etc. És lògic que siga així, perquè les Idees són models ideals i perfectes que les coses del món físic copien o imiten. A més, les Idees són realitats i Plató interpreta aquestes coses imperfectes no com a realitats, sinó com a mancança de realitat: una acció injusta, per exemple, és una acció a la qual *li falta* justícia o, dit d'una altra manera, una còpia molt imperfecta i deformada de la Justícia en si. Per una altra banda, tampoc no hi ha "Idea de Veritat" i també és lògic que així siga. Com veurem, la veritat consisteix a tenir la visió correcta de la realitat, i la realitat són les Idees. No té sentit, doncs, que hi haja una Idea de veritat. Quan Plató parla de la "veritat en si" —cosa que fa molt sovint—, no es refereix per tant a cap suposada Idea de veritat, sinó a la visió de les Idees.

2.4. Les Idees són les essències de les coses sensibles

Què vol dir que les Idees són *les essències* de les coses sensibles? En primer lloc cal aclarir què entenem per "essència". **L'essència d'una cosa és allò que fa que una cosa siga el que és i que es troba present en tots els individus de la seua mateixa classe o gènere**. Així, l'essència d'un ésser humà és allò que comparteix amb tots els altres humans i que fa que aqueix individu siga precisament el que és, és a dir, humà (i no gos o planta). Plató diria que la Idea d'Ésser Humà, en ser imitada per cada persona concreta, fa a cada individu ser el que és (humà) i no una altra cosa. Per tant, la Idea d'Ésser Humà és l'essència de cada individu humà concret. Però seguim amb els exemples. El que tenen de belles les coses belles es deu al fet que participen de la Idea de Bellesa o la imiten; el que tenen de grans les coses grans es deu al fet que totes elles participen de la Idea de Grandesa, etc. Una persona justa, per exemple, participa al mateix temps de la Idea d'Ésser Humà i de la Idea de Justícia. Podem dir, per tant, que aquesta persona justa **depén ontològicament** de la Idea d'Ésser Humà i de la Idea de Justícia, ja que si no existiren aquestes Idees, tampoc no existiria ell com a ésser humà just.

2.5. Les Idees són principis unificadors de la multiplicitat sensible

Com hem vist amb els exemples anteriors, cada Idea és única; en canvi, hi ha una multiplicitat de coses materials i visibles que copien una Idea. Així, per exemple, hi ha una única Idea de Justícia, però una multiplicitat o pluralitat d'accions, d'opinions, de lleis i d'individus justos; totes aquestes coses imiten, cada una a la seua manera, una *única* Idea eterna de la Justícia. I el mateix ocorre amb les altres Idees: hi ha una *multiplicitat* d'individus humans particulars, però cada un d'ells imita, imperfectament, una *única i idèntica* Idea d'Ésser Humà. Així, doncs, cada Idea és per a Plató **un principi unificador d'una multiplicitat** de coses sensibles. Si no fóra perquè una multiplicitat copia la mateixa i única Idea, el món visible resultaria encara més caòtic i incomprensible per als humans. En general, **el món de les Idees és per a Plató el fonament i el principi unificador del món sensible**, i li dóna una certa consistència i un cert grau de cognoscibilitat al canviant i divers món de les coses materials i visibles.

2.6 Breu formulació de la Teoria de les Idees

Breument formulada, la teoria de les idees afirma l'existència de certes realitats immaterials, úniques, immutables, eternes (ingènites i imperibles), absolutes, transcendents, separades del món físic, no accessibles als sentits però sí a la intel·ligència, i independents de les coses sensibles i de les opinions humanes. Les Idees són, a més, paradigmes o models ideals que constitueixen les essències de les coses sensibles, i són imitades per aquestes de forma més o menys imperfecta, com una ombra copia o imita l'objecte que la produeix.

3 ONTOLOGIA: MÓN INTEL·LIGIBLE I MÓN SENSIBLE

Què és allò real? Quina és l'autèntica realitat? Hi a coses més reals que unes altres? És la realitat que els sentits ens mostren la veritable i única realitat? Hem vist que per a Plató allò autènticament real s'identifica amb l'estable, l'etern, allò que no canvia. Per això Plató distingeix dos nivells, graus o formes de realitat: la realitat intel·ligible i la realitat sensible (o visible). Podem dir, per tant, que Plató defensa un **dualisme ontològic**:

a) **Món intel·ligible:** És el **món del ser**, d'allò estable i permanent, i per tant és el nivell superior de la realitat, el nivell de l'autènticament real. Es tracta d'una esfera de realitats ocultes a la vista però accessibles a la intel·ligència (per això les anomena "intel·ligibles"), que són immaterials, perfectes, eternes i immutables. És un món **transcendent,** és a dir, que està més enllà de l'esfera de les coses materials i visibles amb què estem familiaritzats. Al món intel·ligible pertanyen tant **les Idees** com els **objectes matemàtics**, que són immaterials, perfectes, eterns i immutables, igual que les Idees, encara que són ontològicament inferiors. Per tant al món intel·ligible trobem dos tipus de realitats: **les intel·ligibles superiors o Idees** i **les intel·ligibles inferiors o objectes matemàtics**. En el cim de les Idees es troba la Idea Suprema del Bé, de la qual participen totes les altres Idees.

b) **Món sensible o visible:** És **el món de l'esdevenir i de la multiplicitat**, d'allò que canvia, d'allò que naix i mor i que no perdura. Representa per tant un nivell inferior de realitat, de coses menys reals, menys perfectes, menys estables i consistents que les realitats intel·ligibles. És l'esfera dels objectes que percebem per mitjà de la vista i els altres sentits. És un món d'aparences, de realitats materials, sotmeses al canvi, a la generació i a la corrupció. El món de l'esdevenir és el món de les coses que estan en continu procés de canvi, és a dir, que estan deixant de ser una cosa per començar a ser una altra que encara no són. Per això Plató considera l'esdevenir com a mig camí entre el ser (l'intel·ligible, permanent i immutable) i el no-ser (el nores): **l'esdevenir** és una forma de realitat intermèdia entre el ser i el nores absolut, una forma de realitat més inconsistent i inestable que la realitat intel·ligible.

Quina relació hi ha entre aquestes dues esferes de la realitat? Plató explica la formació del món sensible mitjançant el mite del **Demiürg**. La paraula *demiürg* significa en grec "artesà", i Plató l'empra per referir-se a una Intel·ligència suprema de caràcter diví, que ha fabricat el món sensible prenent com a model el món de les Idees eternes i perfectes. El Demiürg ha plasmat aqueix model en una matèria preexistent caòtica, mòbil i amorfa, a la manera que un terrisser plasma en l'argila el projecte o pla que té en la ment. Plató vol donar-nos a entendre, mitjançant aquest mite, que el món sensible respon a un pla racional i intel·ligent, i que no procedeix del caos o del desordre. Tot el bell, bo i harmònic que apreciem en el món visible es deu precisament al fet que imita, encara que imperfectament, l'ordre suprem del món de les Idees. **El cosmos visible imita imperfectament el cosmos intel·ligible i perfecte**. Per a Plató la causa d'aquesta imperfecció ha de residir en la matèria, perquè la intenció del Demiürg era fer el millor i el més bell, i el model (el món de les Idees) era perfecte; només resta, doncs, la matèria com a causa de la imperfecció. Per aquesta raó l'ordre, l'harmonia i la bellesa que trobem en el món sensible són només aproximatives, però apunten a un ordre, una harmonia i una bellesa perfectes i transcendents, que mai s'arriben a assolir.

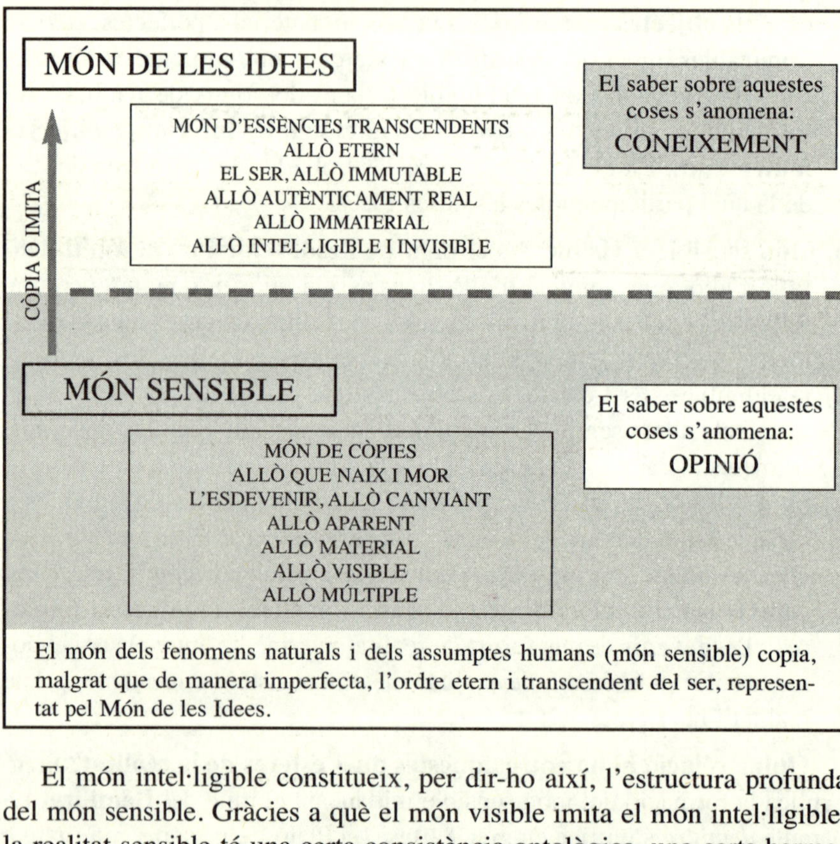

El món dels fenomens naturals i dels assumptes humans (món sensible) copia, malgrat que de manera imperfecta, l'ordre etern i transcendent del ser, representat pel Món de les Idees.

El món intel·ligible constitueix, per dir-ho així, l'estructura profunda del món sensible. Gràcies a què el món visible imita el món intel·ligible, la realitat sensible té una certa consistència ontològica, una certa harmonia i ordre imperfectes que la fan parcialment cognoscible. Si no fóra perquè participa —encara que siga imperfectament— de la realitat intel·ligible, la realitat sensible seria absolutament caòtica i incognoscible per als humans. La meta de la filosofia serà, precisament, descobrir quina és aquesta estructura profunda, l'ordre transcendent i perfecte a què apunta el món sensible, és a dir, conéixer les Idees i les seues relacions.

RESUMINT, Plató expressa la relació entre el món sensible i les Idees amb els termes participació o imitació. *Així, afirma que les coses sensibles* copien *o* imiten *les Idees. O també que les coses sensibles* participen *de les Idees. Les Idees són, doncs, la causa del ser i de l'existència de les coses sensibles; són el model perfecte que les coses sensibles copien o imiten de manera imperfecta. El que les coses sensibles tenen de reals, belles, bones i cognoscibles —siga poc o molt— ho tenen gràcies al fet que participen de les Idees; per això podem dir que existeix una relació de* dependència ontològica *de les coses sensibles respecte de les Idees o que les coses sensibles depenen ontològicament de les Idees.*

QUADRE-RESUM: DOS NIVELLS DE REALITAT (DUALISME ONTOLÒGIC)

LA REALITAT	REALITATS SENSIBLES (MÓN SENSIBLE O MÓN DE L'ESDEVENIR)	REALITATS INTEL·LIGIBLES (MÓN INTEL·LIGIBLE O MÓN DEL SER)
Característiques contraposades	- Realitats materials - Perceptibles per la vista i els altres sentits - Aparences - En esdevenir - Coses que naixen i moren - Multiplicitat - Còpies i imitacions - Dependència ontològica	- Realitats immaterials - Invisibles, però accessibles a la intel·ligència - Les essències - Immutables - Ingènites i imperibles - Unitat: cada idea és única - Models ideals o arquetipus - Subsistents
Mite de la caverna	- Interior de la caverna, el món de baix	- El món exterior, el món de dalt

4 EPISTEMOLOGIA O TEORIA DEL CONEIXEMENT

4.1. Coneixement i opinió

Pot l'ésser humà aconseguir un veritable coneixement sobre la realitat? Quan parlem de la realitat hem de tenir en compte que, com hem vist, Plató distingeix dos graus o esferes de la realitat: la realitat intel·ligible i la sensible. Per això, en clara correspondència amb els dos graus de realitat, Plató distingeix dos nivells o graus de saber, l'un més clar i l'altre més fosc: a) El coneixement pròpiament dit, o **coneixement científic *(episteme)*** b) **L'opinió *(doxa)***. Per tant, Plató defensa un **dualisme epistemològic:**

a) **El coneixement científic o *episteme*.** És el nivell superior del coneixement, el saber sobre la realitat intel·ligible. És clar, vertader, objectiu i no relatiu, i la seua font és la intel·ligència, no els sentits. Per a Plató aquest és l'autèntic saber de la realitat i, com per a Plató l'autènticament real és l'intel·ligible, el coneixement científic és sempre un saber sobre la realitat intel·ligible, mai sobre la realitat sensible.
   Per aconseguir el coneixement de l'autènticament real caldrà dirigir la nostra ànima cap a l'esfera de l'immaterial i abstracte, és a dir, cap a la contemplació de les Idees eternes, apartant-nos dels sentits enganyosos i de les canviants coses del món sensible. Aconseguir aquesta classe de coneixement és la meta que persegueix la filosofia.

b) **L'opinió o *doxa*.** És un grau de saber inferior al coneixement (l'*episteme),* el saber sobre la realitat sensible i material. És un saber fosc, confús, poc fiable, relatiu i canviant, i la seua font són els sentits. Com ja s'ha explicat, Plató considera que de les canviants coses del món sensible mai no se'n pot obtenir coneixement en sentit estricte (*episteme*), només meres opinions. Per tant és una tasca inútil pretendre trobar coneixement autèntic del món visible o sensible, com feien, per exemple, els antics filòsofs de la naturalesa. Plató estaria d'acord amb els sofistes en el fet que tota opinió és un saber relatiu. Però, a diferència dels sofistes —per als quals tot saber és sempre opinió i el coneixement objectiu és impossible—, per a Plató no tot saber és opinió; ell distingeix entre **opinió i coneixement**. Si utilitzem els sentits per indagar sobre la realitat sensible i canviant, només obtindrem opinió, però si emprem la intel·ligència per investigar la realitat intel·ligible i immutable, aconseguirem el coneixement.

QUADRE-RESUM: DOS NIVELLS DE SABER (DUALISME EPISTEMOLÒGIC)

GRAUS DE SABER	CONEIXEMENT O EPISTEME	OPINIÓ O DOXA
Característiques contraposades	- Objecte: la realitat intel·ligible, el ser - Font: la intel·ligència - Clar, objectiu, fiable - No canvia, universalment vàlid	- Objecte: la realitat sensible, l'esdevenir - Font: els sentits - Fosc, superficial, aparent, poc fiable - Canviant i relativa.
Mite de la caverna	- La visió que el presoner alliberat té de les coses de l'exterior de la caverna	- La visió que els presoners encadenats tenen de les coses de l'interior de la caverna.

D'altra banda, l'opinió, encara que no constitueix veritable coneixement, no deixa de ser per a Plató una certa classe de saber, encara que fosc i de nivell inferior al coneixement científic. És lògic que siga així, perquè el món sensible copia el món intel·ligible i, en aquesta mesura, l'opinió (sempre que siga opinió vertadera) ens aproxima almenys un poc a les realitats intel·ligibles, que constitueixen el model i l'essència del món sensible.

EXEMPLES: Si després d'una vida dedicada a l'estudi i a la reflexió filosòfica, familiaritzant-me amb el raonament abstracte i conceptual, la meua ment arriba a captar l'essència eterna i immutable d'allò just, i a adonar-se que, en realitat, la multiplicitat de coses que anomenem justes no són més que un reflex o una còpia d'aquesta Idea, llavors hauré aconseguit **coneixement**, no simple opinió. Però, a més, ja en el terreny del món sensible i dels assumptes humans, quan discórrec sobre si una llei o acció és justa, el coneixement sobre la Justícia en si em donarà un avantatge sobre les altres persones, perquè jo no sols conec les coses que acostumem a anomenar justes, sinó també l'essència mateixa d'allò just, el model que aquestes coses copien. Conec, doncs, el model i les còpies, i amb això la meua opinió sobre aquelles coses, encara sent només opinió, serà més autoritzada i valuosa que la de la resta.

D'altra banda, segons Plató només aconseguim coneixement de l'absolutament real, i l'absolutament real és el ser (les Idees); del no ser (del nores) el saber és impossible, i només hi cap la ignorància; finalment, de l'esdevenir, que és la realitat intermèdia entre el ser i el no ser, posseïm l'opinió, que és un grau de saber intermedi entre el coneixement i la ignorància.

GRAUS DE SABER – GRAUS DE REALITAT

CONEIXEMENT	OPINIÓ	IGNORÀNCIA
EL SER ABSOLUT (La realitat intel·ligible)	**L'ESDEVENIR** (La realitat sensible)	**EL NO-SER ABSOLUT** (El no res)

4.2. La teoria de la reminiscència: conéixer és recordar

Com ja hem vist, el veritable coneixement (l'*episteme*) sols el trobarem investigant sobre les realitats intel·ligibles. Ara bé, si les Idees pertanyen a un món distint del nostre, és a dir, si estan fora del món sensible, ¿com les pot conéixer l'ànima humana? Plató resol aquesta dificultat mitjançant **la teoria de la reminiscència o anàmnesi.**

Segons Plató, l'ànima, abans d'encarnar-se en un cos, **ha preexistit** en el món de les Idees, on les ha contemplades, ja que l'activitat pròpia de l'ànima és la contemplació de les idees. Quan entra en el món sensible i s'encarna en un cos l'ànima oblida les Idees, i tan sols en queda una empremta borrosa, confusa i oblidada. Així, doncs, d'acord amb la teoria de la reminiscència, aprendre o conéixer no és sinó recordar. L'experiència sensible, en tant que les coses visibles són una còpia de les Idees, és llavors una ocasió per a "recordar" les Idees, que han restat, borrosament gravades, a l'ànima.

És freqüent que Plató es valga de mites d'aquesta classe per oferir "explicacions versemblants" de qüestions difícils de comprendre. El propi Plató ens adverteix, tanmateix, que no cal prendre aquests mites al peu de la lletra, perquè no tenen la força d'arguments racionals. Conseqüentment, no hem d'atribuir massa pes a la concepció de la preexistència de l'ànima i de la reminiscència. Cal interpretar, això sí, que Plató està defensant-hi un cert **innatisme del coneixement**: a l'ànima de cada persona hi ha, des del moment del naixement, uns certs coneixements i nocions innates de les Idees, però són coneixements obscurs i confusos, que només poden cobrar claredat mitjançant una adequada educació que ens encamine a la contemplació directa de les Idees.

Plató intenta provar aquesta teoria en un diàleg titulat *Menó*. En aquest diàleg, un jove esclau, que mai no ha rebut cap educació matemàtica, guiat per les adequades preguntes del mestre, arriba a formular, per ell mateix, veritats matemàtiques (concretament el teorema de Pitàgores). L'explicació que postula Plató és que aquestes veritats estaven ja en l'ànima de l'esclau, eren d'alguna manera innates i, gràcies a l'interrogatori emprat pel mestre, ha aconseguit "recordar-les".

5 LA NATURALESA DELS OBJECTES MATEMÀTICS

5.1. La Naturalesa ideal i intel·ligible dels objectes matemàtics

T'has preguntat alguna vegada què és el nombre tres? El nombre que anomenem "3" és la propietat comuna a tres capells, a tres pomes i a tres cases, però cap d'aquestes coses sensibles és pròpiament el "3". ¿Quina classe de realitat, doncs, té el "3", és a dir, el 3 en si, amb independència del signe que utilitzem per a referir-nos a ell ("3", "III", "tres" o "three"...)?

Si cerques en un manual de matemàtiques —o fins i tot en una enciclopèdia— la definició d'alguns "objectes" de què habitualment s'ocupen els matemàtics, observaràs que es tracta d'objectes abstractes i no accesibles als sentits. Potser et trobes amb definicions que probablement et resultaran familiars, per les classes de matemàtiques o de geometria, com ara les següents:

- **Línia**: successió infinita de punts, amb una única dimensió (la longitud).
- **Punt**: un lloc a l'espai mancat d'extensió i dimensions.
- **Circumferència**: corba plana i tancada, els punts de la qual són perfectament equidistants d'un altre que es diu centre, situat al mateix pla.
- **Rectes paral·leles**: rectes que es tallen a l'infinit.
- **Nombre U:** nombre que per addició dóna lloc a tots els altres de la sèrie numèrica.
- **Nombres**: expressió de la quantitat computada en relació a la unitat, sense ser aquesta de cap espècie determinada.

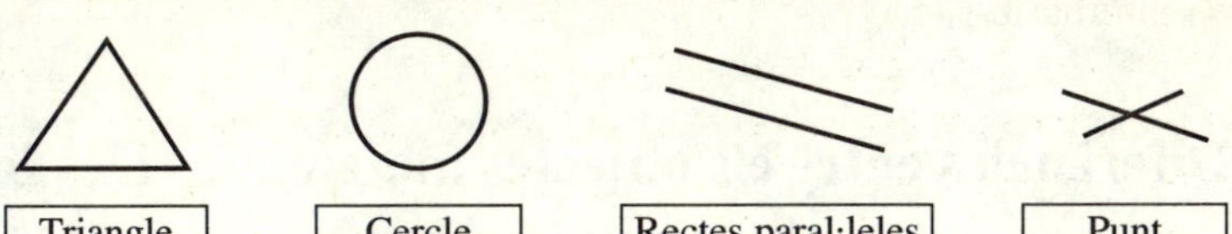

Aquestes coses, visibles, materials i imperfectes, no són en realitat les coses de què s'ocupa el matemàtic, sinó meres còpies sensibles que utilitza per comprendre millor els objectes que investiga, que són intel.ligibles, conceptuals i invisibles i que només la intel.ligència pot comprendre mitjançant la seua definició.

A la vista d'aquestes definicions cal preguntar-se: ¿pot algú en realitat representar *visualment* una recta o "successió infinita de punts en una sola dimensió"? Fins i tot en el cas que disposàrem d'un espai infinit i d'una eternitat sencera per a dibuixar una recta visible, la "línia" traçada segurament no sols tindria longitud, sinó també amplària —per petita que fóra—, de manera que no seria una línia en sentit estricte, sinó, com a molt, una còpia sensible imperfecta o aproximativa d'una vertadera línia. D'altra banda, ¿pot algú *veure* amb els ulls el punt de què parlen els matemàtics, si ni tan sols té extensió? És evident que es tracta de "quelcom" que no pot captar-se mitjançant la vista, però que sí podem comprendre mitjançant la intel·ligència. Igualment, només de forma aproximativa i imperfecta som capaços de construir materialment els triangles, circumferències o esferes de què tracten les matemàtiques. ¿I què hem de dir dels nombres abstractes amb què treballa l'aritmètica, que no es referixen a unitats determinades i materials (tres pomes, tres taules, tres pedres, etc.) sinó a unitats pures, ideals i idèntiques entre si, que no són de cap espècie determinada?

¿Es dedueix del que ja s'ha dit que les coses de què s'ocupa el matemàtic no existeixen? ¿Tal vegada són simples quimeres, productes de la ment humana que només existeixen en ella? Plató estava convençut que aquestes coses no són invencions de la ment del matemàtic, sinó que, amb independència d'ella, existeixen per si mateixes, encara que en l'esfera d'allò purament immaterial i accesible únicament a la intel·ligència (intel·ligible), no en l'àmbit d'allò material i visible, on només trobem còpies imperfectes d'aquestes coses. Per tant, els objectes de la matemàtica són per a Plató *realitats*, però —de la mateixa manera que les Idees— són realitats intel·ligibles, eternes, immaterials, invisibles i immutables. Per tant el matemàtic no *inventa* els triangles, ni les línies paral·leles amb les seues propietats, sinó que *descobreix* aquestes coses i intenta determinar les seues característiques servint-se del pensament. Tal vegada queden molts d'aquests objectes encara per *descobrir*, i per tant sense definir, esperant des de tota l'eternitat ser descoberts i definits per un matemàtic sagaç.

5.2. Diferències entre els objectes matemàtics i les Idees

Malgrat ser intel·ligibles i compartir característiques comunes amb les Idees, les entitats matemàtiques es diferencien d'aquestes en el següent:

a) Es tracta de realitats que, malgrat ser també intel·ligibles, són ontològicament inferiors a les Idees, ja que en són còpies. Així, per exemple, els cercles intel·ligibles copien la Idea de Circularitat, els triangles intel·ligibles copien la Idea de Triangularitat o participen d'ella, els nombres "2" copien la Idea de Dualitat, etc. Es tracta, doncs, d'**intel·ligibles inferiors (*noetà* inferiors)**, a diferència de les Idees, que són els **intel·ligibles superiors (*noetà* superiors)**.

b) Segons sabem per Aristòtil —deixeble de Plató a l'Acadèmia—, Plató considerava que els objectes matemàtics també es diferencien de les Idees perquè **admeten la pluralitat**, mentre que cada Idea és única (hi ha una única Idea de Circularitat, una única Idea d'Unitat, etc.). Així, per exemple, hi ha molts cercles intel·ligibles, però una única Idea de Circularitat. Això fa que tinga ple sentit dir que un cercle talla un altre cercle, però seria absurd dir que la Circularitat talla la Circularitat. Igualment, l'aritmètic suma un dos a un altre dos, i dóna com a resultat quatre, però ¿com podria sumar-se la Dualitat en si a la Dualitat en si?

c) A més, també existeixen importants diferències entre les Idees i els objectes matemàtics pel que fa a la **manera de conéixer i investigar** les unes i els altres, cosa que s'analitza en el **Símil de la Línia** del final del "Llibre VI" de La República, que estudiarem en detall més endavant.

6 ANTROPOLOGIA, PSICOLOGIA I ÈTICA

6.1 L'Ésser Humà: un compost de cos i ànima

Plató té una concepció dualista de l'ésser humà: és un compost de cos i ànima. Aquest punt de vista es coneix en filosofia com a **dualisme antropològic**, i és defensat també, encara que amb nombroses diferències, pel cristianisme, per exemple, o per filòsofs com ara Descartes (segle XVII). Influenciat pel pitagorisme, Plató considera la unió d'ànima i cos com a purament accidental, i en el diàleg *Fedre* la presenta com un càstig.

- **L'ànima** és considerada immortal i immaterial, i té prioritat sobre el cos. Ella constitueix el nostre "jo", el nostre ser veritable, fins al punt que, en ocasions, Plató arriba a afirmar que "l'ésser humà és la seua ànima". Seguint la tradició filosòfica grega, Plató entén l'ànima com un principi vital, allò que infon vida i moviment al cos, però és a més, en el cas de l'ànima humana, el principi del coneixement. És a dir: la funció pròpia i específica de l'ànima humana és el *coneixement*, i el seu tret més característic és la racionalitat. L' ànima és una realitat intermèdia entre els dos mons (el sensible i l'intel·ligible), malgrat que el seu lloc més propi i cap al qual tendeix és el món de les Idees, on ha **preexistit**. La teoria platònica de l'ànima està carregada d'influències pitagòriques: existència anterior deslligada del cos, reencarnació, necessitat de l'ànima de purificar-se per mitjà del coneixement i de la pràctica de la virtut, immortalitat i immaterialitat, etc.

• **El cos**, en canvi, és material i mortal. Seguint els pitagòrics, Plató manté una concepció bastant pejorativa del cos: aquest és la presó de l'ànima, de la qual cal que s'allibere, i una font constant d'apetits i desitjos. El cos inclina a la possessió d'allò material, al món de les coses sensibles, i provoca així l'ambició i les guerres. El cos, en resum, arrossega l'ànima cap allò sensible, on mai trobarà la virtut ni el coneixement. Com es reflecteix en el següent paràgraf del "Llibre VI" de *La República*, el cos és un obstacle que aparta i distrau l'ànima del coneixement de la veritat, una càrrega pesant que l'ànima ha de véncer i dominar si vol encaminar-se cap al coneixement de la realitat superior i intel·ligible, on trobarà la veritat i la virtut:

"Mentre tinguem el cos, i la nostra ànima es trobe entremesclada amb un mal semblant, no posseirem suficientment allò que desitgem, és a dir, la veritat. El cos, en efecte, ens ocasiona incomptables distraccions a causa de la necessitat d'aliment, i, per si no fóra prou, l'ataquen malalties que ens impedeixen el coneixement d'allò real. Ens ompli d'amors, desitjos, temors, tota classe d'imatges i ximpleries, de manera que, en allò que d'ell depén, mai ens seria possible ser savis. També les guerres, discòrdies i batalles les provoquen el cos i el seus desitjos" (PLATÓ, "Llibre VI", *La República)*

6.2. Les tres parts de l'ànima

Plató estableix una divisió de l'ànima en tres parts: **racional, irascible i apetitiva**. Cadascuna d'aquestes parts es relaciona amb una funció de l'ànima o *psiqué*:

a) La part **racional** és la seu de la intel·ligència i té naturalesa divina. És exclusiva de l'ésser humà. Resideix al cap.

b) La part **irascible** és la font de les passions i de les emocions humanes. Resideix al pit.

c) La part **apetitiva** és la font dels apetits i desitjos materials de l'ésser humà. Resideix al baix ventre.

Les parts irascible i apetitiva són irracionals, estan estretament vinculades al cos i les tenen també els animals. En el diàleg que porta per títol *Fedre*, Plató exposa el mite de la caiguda i ascensió de l'ànima humana: aquesta és comparada amb un carro dirigit per un auriga, que representa la part racional, arrossegat per un cavall blanc i dòcil (part irascible) i per un

L'ESTRUCTURA DE L'ÀNIMA SEGONS PLATÓ

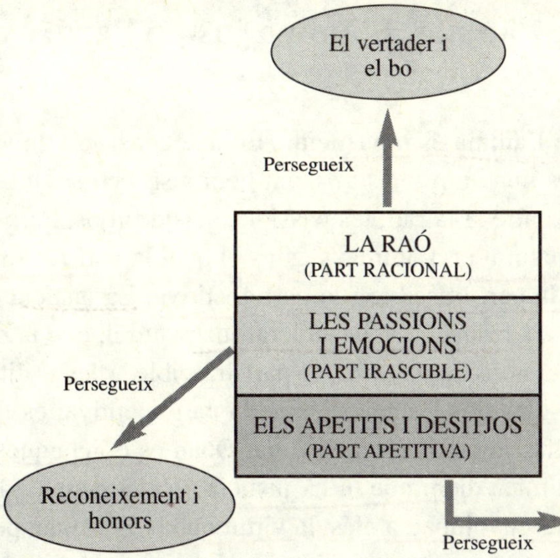

L' ànima humana és per a Plató l'escenari de la lluita i del conflicte interior entre la raó, les emocions i els apetits, representats respectivament per la part racional, la irascible i l'apetitiva. L'HARMONIA o la JUSTÍCIA consisteix en què les tres parts caminen en la mateixa direcció, guiades per la part racional, cap a la recerca del vertader i del bo.

altre negre i indomable (part apetitiva), que han de ser convenientment guiats i dirigits per l'auriga. Però, per què *tres* parts? I per què *aquestes* justament? Mitjançant aquesta divisió tripartida Plató pretén explicar dos aspectes de la psicologia humana:

- D'una banda, l' existència de conflictes interns en l'ésser humà, és a dir, la lluita interior entre la raó, les passions i els desitjos materials, que fa de l'ésser humà un ésser en permanent conflicte interior. La nostra ànima és com un camp de forces inestables que sovint col·lisionen: mitjançant aquesta divisió en tres parts (la raó, les passions i els desitjos materials), Plató ens presenta l'ànima com l'escenari i camp de batalla on s'enfronten aquestes forces, pretenent cadascuna d'elles imposar el seu domini sobre les altres.

- D'altra banda, aquesta divisió tripartida de l'ànima li serveix a Plató per a explicar l'existència de diferents naturaleses o tipus psicològics. Encara que en l'ànima de cada persona trobem aquestes tres parts, en unes hi ha una tendència natural al domini de la raó (la part racional) sobre les passions i apetits; altres es deixen dominar per les passions i emocions (la part irascible), i en altres dominen els desitjos i apetits materials (la part apetitiva). Així, la preponderància d'una part de l'ànima sobre les altres dues dóna lloc a **tres tipus** diferents de persones amb característiques psicològiques específiques.

6.3. Les virtuts de l'ànima. L'ànima justa i l'ordre de l'ànima

La virtut principal de l'ànima és la justícia. ¿En què consisteix la virtut de la justícia? Què és una ànima justa? Com hem vist, ben sovint en l'ànima humana xoquen entre si la raó, les passions i els desitjos. Però hi ha un ordre o jerarquia natural en l'ànima, segons el qual la part racional ha de dirigir i governar la part irascible i la part apetitiva. La justícia en l'ànima consisteix, doncs, a respectar aquesta jerarquia natural: que la raó governe o domine les passions fogoses de la part irascible, i les utilitze també per a governar els desitjos i tendències de la part apetitiva; és llavors quan hi ha concòrdia i harmonia en l'ànima. Quan es dóna aquesta concòrdia i harmonia anímica diem que hi ha justícia, i cadascuna de les parts de l'ànima, haurà desenvolupat, a més, la virtut que li és pròpia, perquè hi ha una virtut pròpia de cada part de l'ànima. La virtut pròpia de la part racional és la **saviesa** o **prudència**; la de la part irascible és la **valentia**; i la de l'apetitiva, la **temprança** o **moderació.**

La injustícia en l'individu sorgeix de la ruptura de l'ordre natural entre les parts de l'ànima: quan les passions o els apetits desbocats dominen l'ànima i la raó emmudida se sotmet a ells, invertint l'ordre natural de les coses, llavors apareix la injustícia, que no és sinó desharmonia o desordre de les passions i apetits de l'ànima.

Per tal d'aconseguir la justícia i la perfecta harmonia entre les tres parts de l'ànima, l'únic camí és el coneixement de l'harmonia que reina en l'esfera del cosmos intel·ligible. En altres paraules, només la persona sàvia, que ha aconseguit el coneixement de l'Ordre Suprem i de la Suprema Harmonia que regnen en el món de les Idees, podrà imposar ordre i harmonia en el seu món interior, governar amb justícia la seua ànima i conduir-se rectament en la vida. Per a Plató l'ànima justa és, doncs, aquella que reflecteix l'ordre ontològic, la justícia o harmonia còsmica que governa l'ordre del ser.

En la forma d'entendre la justícia com a harmonia, i en la idea que el coneixement de l'harmonia cósmica permet introduir harmonia en la pròpia ànima, reconeixem la influència dels pitagòrics sobre Plató.

7 LA POLÍTICA

7.1. Rebuig de la democràcia com a forma de govern

Com el mateix Plató confessa en la "Carta VII", la seua filosofia prové de la insatisfacció amb la situació política de l'època, i en particular amb el règim de govern propi de la ciutat on nasqué i visqué: la democràcia atenesa. La democràcia és la forma de govern en què el poble assumeix la direcció dels assumptes públics. Les objeccions que Plató formula contra la democràcia del seu temps són les següents:

a) Plató rebutja el principi fonamental de la democràcia atenesa, segons el qual qualsevol ciutadà és competent per a exercir funcions públiques en els tribunals, en l'Exèrcit, en l'Assemblea i fins i tot en el Govern, sense cap necessitat de preparació, i sense tenir en compte els seus coneixements i la seua virtut. D'acord amb aquest principi els magistrats eren elegits per sorteig, i qualsevol ciutadà tenia dret de veu i vot a l'Assemblea i podia presentar-se a l'elecció de càrrecs públics. Aquest aspecte de la democràcia li sembla a Plató tremendament perillós per a l'harmonia i el bon govern de la comunitat. Per a Plató ningú és competent per naturalesa en matèria política, cal posseir o aprendre "l'art" de la justícia, i són poques les persones capacitades per aprendre'l. Plató il·lustra l'absurd que suposa la democràcia atenesa mitjançant el **símil del vaixell**: així com no acceptaríem viatjar en un vaixell on una tripulació inexperta s'ha amotinat contra el seu capità i, sense tenir ni idea de l'art de la navegació, bevent i entregant-se a la festa, dirigeix el timó del vaixell, així tampoc no hauríem d'acceptar un règim polític com la democràcia, en què el "timó" de l'Estat està en mans de la massa ignorant i manipulada, o de dirigents inexperts o ambiciosos elegits pel poble ignorant o per sorteig.

b) Segons Plató en la democràcia atenesa qui realment governava era una minoria de polítics i demagogs, que abusaven de la incapacitat política, de la falta de reflexió i de la insensatesa del poble. Plató veia els dirigents de la democràcia com a autèntics demagogs ambiciosos d'honors i de poder, formats i educats pels sofistes per aconseguir el poder mitjançant l'afalac, l'engany i la manipulació dels sentiments de les masses populars amb l'art de la paraula. Contra el que pensaven sofistes com Gòrgies i Protàgores, per a Plató la veritable competència política no prové de l'aprenentatge d'habilitats com la retòrica o l'oratòria, sinó de l'adquisició de l'art de la justícia i del bé, que és el veritable art de la política.

Finalment, la decepció de Plató front la democràcia ja fou definitiva quan, sota d'aquest sistema polític, es cometé l'extrema injustícia de jutjar i executar el més just dels homes, el seu mestre Sòcrates. Això evidencià que la democràcia no era garantia de justícia.

7.2. Filosofia i política: la proposta política del filòsof-governant

Plató rebutja, doncs, la democràcia, però també l'oligarquia (el govern d'unes poques famílies nobles). Com a alternativa a aquestes formes de govern i com a remei als mals polítics del seu temps, Plató proposa un govern de filòsofs. En síntesi, la teoria platònica del filòsof governant afirma que els mals de la humanitat només tindran remei quan el Govern estiga en mans de persones que, gràcies a la filosofia, han assolit la sabiduria i la virtut. Però, per què un govern de filòsofs? Com hem vist, per governar cal aprendre "l'art de la justícia", i aquest únicament es pot aprendre mitjançant la filosofia. Després de la seua experiència amb la democràcia atenesa, Plató arribà al convenciment que la presa de decisions sobre el bé comú no s'havia d'adjudicar a la majoria, sinó als més competents en el coneixement de la justícia i del bé, i aquests són els vertaders filòsofs.

La proposta platònica del filòsof governant és resultat d'aplicar **l'intel·lectualisme moral de Sòcrates** al terreny de la política. En efecte, com, d'acord amb l'intel·lectualisme socràtic, només poden ser individus justos i bons els que saben en què consisteixen la justícia i el bé, Plató hi dedueix que només els filòsofs poden ser els governants perfectes, ja que la filosofia és l'únic saber que proporciona el coneixement de les essències de la Justícia i del Bé, cosa indispensable per a conduir-se un mateix i conduir la societat rectament. El coneixement de la Justícia en si i del Bé en si és un **coneixement globalitzador de la totalitat de la realitat**, un coneixement global de l'harmonia i l'ordre del cosmos intel·ligible. Gràcies a aquest coneixement, el filòsof governant pot aconseguir també, ja en l'esfera de realitat dels assumptes humans, el criteri necessari per distingir el just de l'injust, el bo del dolent, tant en la seua vida privada com en la política. Aquell governant que no conega les essències de la Justícia i del Bé mai no arribarà a ser un governant just, i serà com un cec conduint una multitud de cecs. En canvi, ***el filòsof governant serà capaç de governar a la llum de les Idees eternes de Justícia, de Bellesa i del Bé, la visió de les quals ha assolit mitjançant la filosofia, i ho farà prenent-les com a model.***

Es pot dir que la forma de govern que Plató proposa és una **aristocràcia,** però prenent aquesta paraula en el seu sentit literal i originari, entesa com el "govern dels millors" (*aristoi* significa, en grec, "els millors"). Ara bé, cal que quede clar que el que Plató proposa no és el govern dels millors per raó de sang o de nissaga, com s'entenia l'aristocràcia tradicional, sinó dels **millors en virtut i en saber**. La seua proposta consisteix, per tant, en una aristocràcia de la virtut i del coneixement, una espècie de **"meritocràcia"** o govern dels millors en mèrit. Així podem considerar la teoria política de Plató com una **teoria de l'elit**, segons la qual el govern de l'Estat ha de recaure en una elit o minoria que destaca per la seua formació, per la superioritat moral i pel coneixement de la veritat i el bé.

Per dur a la pràctica aquesta proposta política són necessàries dues coses, segons Plató:

a) Primerament, cal seleccionar **les millors naturaleses**, és a dir, aquells individus que per naturalesa posseïsquen certes capacitats i qualitats innates, com ara la capacitat d'aprendre, la intel·ligència, la honestedat, una ànima noble i sense baixeses, etc.

b) En segon lloc, cal adreçar aquestes naturaleses i potenciar aquestes qualitats naturals mitjançant una adequada **educació**, fins a conduir-les a la contemplació de les Idees eternes a través de la filosofia. Només després d'aquest llarg procés educatiu estaran preparats per governar i hauran de ser obligats a fer-ho. Serà l'Estat qui s'encarregarà de la selecció de les millors naturaleses i de la seua educació.

7.3. L'Estat Ideal

Plató entén l'Estat com una comunitat natural d'individus que cooperen i es coordinen per viure, beneficiant-se tots de la contribució de tots. Per això el bon govern ha d'anteposar sempre **el bé comú** al bé particular de l'individu o d'un grup d'individus. Influenciat per les desgraciades circumstàncies històriques que li tocà viure, per a Plató el bé comú més important és **la justícia**, entesa com a harmonia, com a unitat i cohesió social. El contrari del bé comú és la desunió, la manca d'harmonia, la ruptura de la unitat provocada per les lluites internes pel poder, que fan impossible la cooperació harmònica entre els ciutadans.

Per a Plató l'Estat és semblant a **"un individu en gran"**. Així com l'ànima està composta per tres parts, en l'Estat trobem igualment tres grups humans naturals: el primer grup estaria format per aquells individus en qui predominen els desitjos i tendències materials de la part apetitiva; el segon per aquells en qui dominen les passions de la part irascible; i el tercer per aquells en la naturalesa dels quals predomina la part racional. Els primers són els més adequats per dedicar-se a la producció dels béns necessaris per a la vida; els segons són especialment aptes per naturalesa per a la defensa i la funció militar; i els tercers estan especialment capacitats per naturalesa per aprendre i, per tant, per governar i dirigir l'Estat. En un Estat just, cadascuna de les tres classes socials naturals ocuparà el lloc i la funció natural que li correspon, aquella per a la qual està millor preparada per naturalesa. Així s'aconseguirà el perfecte funcionament de la maquinària social, i la comunitat en el seu conjunt es beneficiarà al màxim del treball i de l'aportació de tots i de cadascú. Aquestes tres classes socials seran les següents:

a) **La classe dels productors**: aquesta classe està composta per artesans, camperols, comerciants, obrers assalariats, artistes, etc. La seua funció serà produir tot allò que la comunitat necessita per sobreviure i fins i tot viure amb un cert luxe. En la naturalesa dels individus d'aquesta classe predomina la part més baixa de l'ànima, és a dir, la **part apetitiva**. A diferència de les altres dues classes, conservarà la propietat privada i la família, i tindrà accés a les riqueses i als diners. En un Estat Ideal, la virtut pròpia dels productors serà la temprança o moderació.

b) **La classe dels guardians**: la funció d'aquesta classe serà la defensa de la ciutat, motiu pel qual rebran una educació especial basada en la gimnàstica i la música. En els individus d'aquesta classe la **part irascible** de l'ànima predomina sobre les altres dues. A l'Estat Ideal, la virtut pròpia dels guardians serà la valentia. A més, amb la finalitat d'evitar l'ambició —que tant podria amenaçar la unitat i cohesió de l'Estat— estaran fora del seu abast l'or, la plata i la propietat privada i, per aconseguir una major eficàcia en l'acompliment de la seua funció, Plató proposa també abolir la família i substituir-la per la comunitat de dones i fills. Malgrat el sacrifici que comporta aquest tipus de vida en favor de la comunitat, ser guardià serà considerat un honor.

c) **La classe dels governants-filòsofs**: és la classe superior, que tindrà com a funció el govern de la ciutat, inspirant-se per a això en la contemplació de l'ordre i l'harmonia del món de les Idees eternes (Justícia, Bé, Bellesa, etc.). En aquests individus predomina la part racional de l'ànima sobre les altres dues, cosa que els capacita especialment per aprendre la ciència de la justícia i del bé mitjançant la filosofia. La seua virtut pròpia serà la saviesa o prudència. Seran seleccionats d'entre els millors guardians per rebre posteriorment una educació especial, en la qual destaca l'aprenentatge de les matemàtiques i de la filosofia (la dialèctica).

L'Estat just seria un Estat perfectament organitzat d'acord amb els principis de cooperació i de divisió del treball segons les capacitats de cadascú. Així, doncs, ¿quan tindrem un Estat just? De la mateixa manera que la justícia en l'individu consistia en l'harmonia entre les tres parts de l'ànima, la justícia de l'Estat consistirà en **l'harmonia entre les tres classes socials** que el componen, de manera que cadascuna d'elles acomplisca bé la seua funció, és a dir, desenvolupe la virtut que li correspon: els governants la **saviesa**, els guardians la **valentia**, i els productors la **moderació** dels apetits i desitjos.

A més, com ocorria en l'ànima, que l'harmonia s'aconseguia respectant la **jerarquia natural** entre les seues parts, perquè hi haja harmonia i justícia en l'Estat s'ha de respectar la jerarquia natural entre les classes que el componen. Ara bé, l'ordre natural en general consisteix en la submissió de l'inferior al superior, per tant hi haurà ordre i justícia en l'Estat quan la classe inferior, la dels productors, se sotmeta a la dels guardians, i ambdós a la dels governants, que representa la racionalitat i el coneixement. Tots els mals polítics i morals, dels quals Plató va ser testimoni en la seua època (veure la "Carta VII"), tenen com a causa la ruptura d'aquest ordre natural: que els que tenen naturalesa de productor o de guardià lluiten entre ells per ocupar el poder i dirigir l'Estat, enlloc dels que tenen la saviesa, el coneixement i la disposició adequada de l'ànima.

ISOMORFISME ESTRUCTURAL ENTRE L'ÀNIMA I L'ESTAT IDEAL

PARTS DE L'ÀNIMA	CLASSES DE L'ESTAT	VIRTUTS
Racional	Governants-filòsofs	Prudència o saviesa
Irascible	Guardians	Valentia
Apetitiva	Productors	Moderació
Harmonia entre les parts de l'ànima	Harmonia entre les classes	JUSTÍCIA

S'ha dit del pensament polític de Plató que és **estatalista**, **organicista i comunitarista.** Podreu apreciar això amb claredat en el capítol V del "Llibre VII" de *La República*.

a) És **estatalista** perquè Plató anteposa el bé i la cohesió de l'Estat al bé individual. L'Estat està per damunt de l'individu, el bé social per damunt del bé individual. Així, per exemple, als guardians i als filòsofs se'ls exigiran renúncies i una vida sacrificada en favor del bé de la col·lectivitat, encara que després se'ls compense amb certs honors.

b) És **organicista** perquè Plató sembla concebre l'Estat perfecte seguint el model de l'organisme viu: igual que un organisme viu està compost d'òrgans o parts, cadascuna de les quals executa una funció en benefici del conjunt, també l'Estat platònic està compost de tres parts o classes socials, cadascuna de les quals acompleix la funció per a la qual està més capacitada, en benefici de la comunitat sencera.

c) S'ha qualificat el pensament polític de Plató de **comunitarisme**: la vida de l'individu només s'entén i té sentit al si d'una comunitat de pertinença, en la qual exerceix una funció específica. No és que el bé de la comunitat s'antepose al bé de l'individu (que també, com ja s'ha dit), sinó més bé que la plena consecució de la persona depén absolutament de l'aconseguiment i preservació del bé de la comunitat.

8 POLÍTICA, EDUCACIÓ I CONEIXEMENT DE L'ORDRE

La política és per a Plató un art o saber que té com a objectiu organitzar i harmonitzar la vida en societat, i conduir l'Estat cap a la justícia, l'harmonia i la cohesió social. En contra de l'opinió comuna del seu temps, Plató està convençut que, així com hi ha un art o ciència pròpia del metge, que pot aprendre's i que té com a finalitat produir la salut del malalt, ha d'existir un art o ciència pròpia del polític, que tinga com a finalitat produir la salut de l'Estat i conduir-lo cap a la justícia i la felicitat. A més a més, aquest art pot ensenyar-se, i necessàriament l'han d'aprendre aquells que assumeixen la important responsabilitat de dirigir el Govern de l'Estat.

Per a Plató aquest art és la "ciència de la justícia i del bé", i coincideix amb la filosofia, perquè només la filosofia és capaç de proporcionar el coneixement de les Idees eternes de Justícia i del Bé, coneixement indispensable per a governar sàviament la *polis* i discernir amb encert, ja en el terreny dels assumptes humans, què és just i què no ho és. La filosofia és així la **ciència política** que l'aspirant a governant ha d'aprendre.

En el pensament platònic **l'educació** està enterament al servei de l'organització de la societat i de la vida política, i una de les seues missions és formar una elit d'individus savis i justos, destinants a governar l'Estat. L'educació dels governants ha d'aconseguir, primerament, encaminar la seua ànima en direcció a l'intel·ligible, fins a ser conduïda a la contemplació de les Idees eternes i, finalment, del Bé en si, que constitueix la meta última del coneixement i el final del procés educatiu. S'entén així la indissoluble unió que Plató estableix entre política i educació filosòfica. El "Llibre VII" de *La República* està dedicat precisament a dissenyar, amb tot luxe de detalls, els distints continguts i etapes d'un ambiciós programa educatiu, que haurà de seleccionar els més capaços i conduir-los cap al coneixement del vertader, del just i del bo. Tal com exposa en el mite de la caverna, al principi del "Llibre VII", l'educació del governant filòsof és un procés dur, ardu, costós i no exempt de resistències i d'obstacles, perquè el cos arrossega l'ànima cap al món de les coses materials i sensibles, apartant-la del coneixement.

L'última etapa d'aquest llarg procés educatiu és la **dialèctica**, la ciència suprema per a Plató, el saber referent a les Idees i a les seues relacions. Plató identifica la dialèctica amb la filosofia, però insisteix que no és possible començar l'educació del filòsof governant amb la dialèctica, perquè l'ànima, presonera del cos, dels sentits i dels apetits materials, i acostumada a contemplar només les coses del món sensible, abans d'iniciar-se en la dialèctica, ha de familiaritzar-se a poc a poc amb el raonament abstracte i amb l'esfera de les realitats intel·ligibles, invisibles i eternes. Per això resulta imprescindible i molt útil començar amb l'estudi de les **matemàtiques**.

Així doncs, l'educació del filòsof governant es basarà primer en el conreu de les matemàtiques, i després en el de la dialèctica o filosofia. Però un cop —gràcies a la dialèctica— el filòsof governant haja assolit el coneixement del vertader i del bo, haurà de retornar al món del visible i dels assumptes humans per intentar que la societat i l'Estat s'acosten tant com siga possible a l'ordre i l'harmonia intel·ligibles que ha contemplat, governant la seua pròpia vida i la societat amb el Bé com a guia i model.

COSMOS o ORDRE:
SUBORDINACIÓ DE L'INFERIOR AL SUPERIOR

EN L'ÀNIMA (PSIQUE)	EN L'ESTAT (POLIS)	EN LA REALITAT (SER)
La part racional governa les parts irascible i apetitiva	Els filòsofs governen els guardians i productors	La Idea del Bé "governa" i regeix el món de les Idees i el món visible

En efecte, després d'haver contemplat l'ordre etern del ser, representat pel Món de les Idees i particularment per la Idea de Bé —que és la màxima expressió d'aquest ordre—, el filòsof té el compromís ètic i social d'aconseguir, mitjançant l'acció política, "imprimir" un ordre semblant en la seua ànima i en l'Estat. **L'Estat just, igual que l'ànima justa, ha de ser un reflex fidel de l'ordre i l'harmonia eterns del Món de les Idees. La tasca de la filosofia és aconseguir la comprensió de l'ordre etern de la realitat, i després esforçar-se perquè l'ordre de l'ànima i l'ordre polític s'assemblen, en la mesura que es puga, al model etern del ser.**

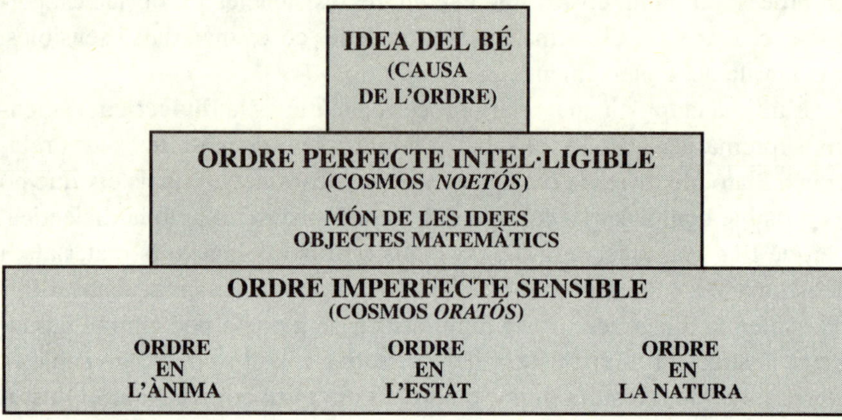

Segons el que acabem de dir, és evident que el que mou el filòsof a la recerca de la veritat no és un interés merament teòric, una simple curiositat per saber i per desentranyar l'essència de la realitat, sinó un interés pràctic (ètic i polític), és a dir, un interés per transformar i millorar la societat i la vida dels homes. Si li interessa conéixer la realitat és per adaptar la vida individual i la vida de l'Estat a l'ordre natural ocult que governa el món.

D'altra banda, com ja s'haurà pogut comprovar, el punt de vista de Plató respecte la relació entre educació i política contrasta obertament amb el dels sofistes. També ells posen l'educació al servei de la política, però en un sentit ben diferent. Convençuts que no hi ha veritat, que tota veritat és sempre relativa, que el mateix és l'aparença que la realitat, i l'opinió que el coneixement, l'objectiu de l'educació no serà, segons ells, conduir-nos a la veritat, sinó ajudar l'aspirant a polític per aconseguir l'èxit i el triomf, poder i influència; i per a això, en l'Atenes democràtica, era imprescindible convéncer i conquistar el suport popular. Per aquest motiu l'educació que impartien els sofistes se centrava a ensenyar, als aprenents de dirigents polítics, certes habilitats en l'art de la paraula, com ara la retòrica, l'oratòria o l'erística, a fi d'aconseguir, mitjançant l'afalac i la seducció, el suport popular i el poder.

ACTIVITATS DE REPÀS:

1. Enumera els principals successos i esdeveniments polítics que Plató va viure durant la seua joventut.
2. Segons la "Carta VII", ¿quina és la vertadera motivació de la filosofia platònica?
3. Explica quin és el remei o la "medicina política" que Plató proposa per acabar amb els mals dels Estats del seu temps.
4. Enumera i resumeix tres teories filosòfiques defensades pels sofistes i que Plató critica.
5. Explica en què consisteix l'intel·lectualisme moral de Sòcrates i com influirà sobre Plató.
7. Explica què és una Idea.
8. Explica les diferències entre la realitat intel·ligible i la realitat sensible.
9. Explica com, segons Plató, es relacionen ambdós tipus de realitats.
10. Resumeix breument el que, en síntesi, defén la teoria platònica de les Idees.
11. Explica per què, segons Plató, és necessari que existisquen realitats immutables.
12. Explica les diferències que Plató estableix entre opinió i coneixement.
13. La teoria de les idees és, en primer terme, una teoria de la realitat. Explica de quina manera aquesta teoria de la realitat permet a Plató justificar la seua posició enfront del relativisme dels sofistes.
14. Sintetitza les semblances i diferències entre els objectes matemàtics i les Idees.
15. Resumeix la principal crítica que Plató formula contra la democràcia atenesa.
16. La democràcia atenesa era, entre altres coses, un sistema per a l'elecció dels càrrecs públics importants. Formula l'alternativa que Plató proposa a la democràcia per a l'elecció dels dirigents polítics.
17. Resumeix breument la relació entre coneixement (filosofia) i política.
18. En què consisteix governar la pròpia ànima?
19. I governar bé l'Estat? Segons Plató, ¿per què és important que els dirigents polítics sàpien també governar la pròpia ànima?
20. Diferències entre Plató i els sofistes a l'hora d'entendre l'educació que han de rebre els aspirants a dirigents polítics.

1. Resol la següent columna acròstica.

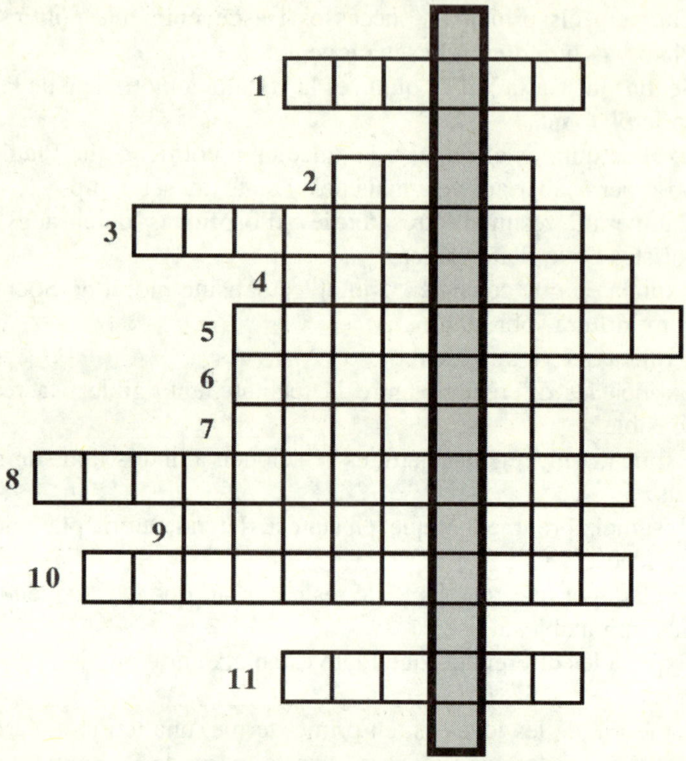

VERTICAL: Teoria ètica formulada pel mestre de Plató.
HORITZONTALS: 1. Saber fosc sobre les coses del món sensible. 2. Realitat eterna, immaterial, transcendent i immutable. 3. Principal òrgan de govern de la democràcia atenesa. 4. Realitat intermèdia entre el ser i el no-res. 5. Part de l'ànima que predomina en els guardians. 6. Una característica de l'autènticament real. 7. El gran "artesà" del món visible 8. Terme que expressa la relació entre les Idees i les canviants coses del món material 9. Filòsof grec que afirmà: "tot canvia". 10. Teoria filosòfica sobre la veritat i els valors morals defensada per alguns sofistes i contrària a Plató. 11. Paraula d'origen grec que s'aplica a l'univers i que en realitat significa "ordre" o "bellesa".

2. Inventa tu mateix una columna acròstica.

Repassa la introducció teòrica a Plató i inventa una **columna acròstica** semblant a l'anterior, amb 10 conceptes relacionats amb la filosofia platònica o amb el context filosòfic o polític que Plató va viure. No la resolgues, intercanvia-la amb altres companys de classe.

QUADRE RESUM: "TOT PLATÓ"

ONTOLOGIA (La realitat)	- **Idees**: essències de les coses, causes del ser de les coses. - **Dualisme ontològic**: realitat intel·ligible i realitat sensible, món del ser i món de l'esdevenir. Exterior i interior de la caverna (Mite de la caverna). - **Relació entre el sensible i l'intel·ligible**: imitació, participació, ombres. Dependència ontològica del sensible. Mite del Demiürg. - ***Graus de realitat:*** *símil de la línia i mite de la caverna.*
EPISTEMOLOGIA (El coneixement, la veritat)	- **Dualisme epistemològic**: coneixement i opinió. Raó i sentits. Visió de les coses de dalt i visió de les coses de baix (mite de la caverna). - **Graus de coneixement**: símil de la línia. - **Teoria de la reminiscència**: preexistència de l'ànima en el món de les Idees. - La **dialèctica** com a mètode de coneixement.
ANTROPOLOGIA (L'ésser humà)	- **Dualisme antropològic**: ànima i cos. - **Característiques** contraposades cos-ànima. Funcions o parts de l'ànima. - **Jo**: la meua ànima. Menyspreu del cos i d'allò material. - **Preexistència de l'ànima** en una vida anterior. El cos com a presó l'ànima.
PSICOLOGIA (L'ànima)	- **Funcions** i **característiques** de l'ànima. - **Preexistència de l'ànima** en una vida anterior. - **Teoria tripartida** de l'ànima: explicació dels conflictes interns de l'ésser humà. Distintes naturaleses o **tipus d'ànima**. - La jerarquia o ordre natural en l'ànima.
ÈTICA (La felicitat i la virtut)	- S'ocupa del **màxim bé** humà: la **felicitat** unida a la **virtut**. - Concepció absolutista dels valors morals; **crítica al relativisme** moral dels sofistes. - **Relació amb la política**: el governant ha de ser el millor, no sols en coneixement, sinó també en virtut: influència de **l'intel·lectualisme moral** socràtic. - La principal virtut de l'ànima és la justícia (harmonia). Les altres virtuts de l'ànima. - Necessitat de conéixer la Idea del Bé, l'ordre i l'harmonia del món d'Idees .

POLÍTICA (L'Estat)	- "**Carta VII**": la situació política d'Atenes en època de Plató. - Rebuig de la democràcia i de l'oligarquia. - Teoria del **filòsof-governant**. Es requereix l'art de la justícia, que només pot aconseguir-se mitjançant la filosofia. - Rebuig de l'empirisme polític i del relativisme moral dels sofistes. Defensa d'una **concepció absolutista dels valors morals**. Relació amb la teoria de les idees. Necessitat de conéixer el just en si i el bé en si (**intel·lectualisme moral**). - L'Estat **ideal**: productors, guardians, governants. L'Estat és com un individu en gran. - La **justícia de l'Estat: HARMONIA i ordre natural** entre les classes, a semblança de l'ànima. - Finalitat de la Política: la justícia i el bé de l'Estat (la unitat i la cohesió social). - Primacia del bé de la comunitat enfront de l'individual.
TEORIA DE L'EDUCACIÓ	- L'educació segons els **sofistes**: procés passiu. - La crítica de **Plató**: l'educació és un **procés actiu**. - L'educació: procés selectiu. - El **fi últim** de l'educació: el coneixement del vertader i del bo (Idees, Idea del Bé), de l'ordre intel·ligible per imprimir ordre i harmonia en la pròpia ànima i en la societat. - El paper propedèutic (preparatori) de les **matemàtiques** en l'educació. - La **dialèctica** com a ensenyament suprem. Relació amb l'ascens en el mite de la caverna.

IV.
LA REPÚBLICA

1 L'OBRA *LA REPÚBLICA*

La República és probablement l'obra que exposa de manera més completa i sistemàtica el pensament de Plató. El seu títol original en grec fou *Politeia*, que literalment significa "El règim o govern de la polis" o també "L'organització política de l'Estat". Aquesta obra fou traduïda al llatí amb el títol *Res publica* ("la cosa pública", l'Estat), que té un significat semblant al de *Politeia*. El títol català del llibre —*La República*— resulta d'una traducció directa del llatí, i potser no siga el més afortunat, ja que per a la majoria dels lectors moderns el terme *república* té unes altres connotacions. No és de la república com a forma de govern oposada a la monarquia allò de què tracta aquesta obra, sinó de la "cosa pública" (de la *res publica*), de l'organització política de l'Estat i del govern en general.

La República consta de 10 llibres. Excepte el "Llibre I", que sembla haver estat escrit molt abans, Plató degué començar a escriure els altres nou llibres després de tornar del seu primer viatge a Siracusa, l'any 387 a.C., i els conclogué poc abans del seu segon viatge, el 375 a.C.

El tema general de *La República* és, doncs, la "cosa pública", l'Estat. Però el que a Plató interessa no és descriure els Estats empírics, és a dir, els Estats efectivament existents, sinó l'**Estat Ideal**, allò que l'Estat *hauria de ser* perquè els seus membres tingueren una vida feliç i justa. L'Estat Ideal és aquell que encarna a la perfecció les Idees eternes de Bé, de Justícia i de Bellesa, i representa el model que haurien d'imitar tots els Estats empírics. Cap d'ells encarna ni podrà encarnar a la perfecció l'ideal, però sí que poden acostar-se a ell, tant com siga possible, si duen a terme algunes reformes.

L'objectiu últim de Plató en *La República* és exposar i desenvolupar una certa concepció de l'Estat, de la societat i de l'ésser humà, fonamentada en l'ordre etern del ser (les Idees eternes i immutables). Açò explica l'interés i l'espai que l'autor dedica a la Teoria de les Idees en una obra que a primera vista hauria de ser de contingut exclusivament polític. Plató recorre constantment a la Teoria de les Idees per definir les condicions sota les quals un Estat és just i perfecte. Així pretén salvar la política del relativisme i de l'empirisme dels sofistes, vinculant-la a valors eterns i immutables (com la Justícia en si i el Bé en si). El missatge pregon que Plató vol transmetre és que el model ideal de l'Estat —com el del cosmos visible— es pot contemplar en el Món etern i immutable de les Idees, i és el model a què han d'aproximar-se tant com puguen els Estats empírics.

D'altra banda, per a comprendre la intenció que el menà a escriure *La República*, cal tenir molt present l'època en què es gestà aquesta obra, en especial els avatars històrics que commogueren la vida política d'Atenes: la derrota front a Esparta en les Guerres del Peloponés, la descomposició interna d'Atenes, el violent i sanguinari Govern dels Trenta Tirans, la revolta democràtica de Trasíbul, que comportà la reinstauració de la democràcia i amb ella la injusta execució de Sòcrates. Després de viure molt de prop tots aquests esdeveniments, Plató arribà a la conclusió que, tots els Estats —com deia en la "Carta VII"— estaven *malalts*, poc o molt, i la causa d'aquesta malaltia era el mal govern. Des d'aquest punt de vista, *La República* pot entendre's també com un **"tractat de medicina política**", aplicable als distints règims polítics del seu temps (democràcia, timocràcia, oligarquia i tirania). En aquesta obra Plató proposa un conjunt de "remeis polítics" perquè aquests Estats malalts puguen recobrar la salut. El primer i fonamental d'aquests remeis serà un "govern de filòsofs".

Al llarg dels 10 llibres que componen aquesta obra, Plató s'ocupa de teories i de temes molt diversos, la major part dels quals ha estat ja tractada i exposada en l'Apartat III ("La filosofia general de Plató").

2 INTRODUCCIÓ AL FRAGMENT DE LA REPÚBLICA QUE ANEM A ESTUDIAR

2.1. El fragment i el context general

El fragment de *La República* que estudiarem correspon als últims quatre capítols del "Llibre VI" (de 506b fins a 511e) i als 5 primers del "Llibre VII" (de 514a fins a 521b). Per a llegir-lo i entendre'l adequadament cal ubicar-lo en el context general de l'obra. Recordem que en aquesta obra Sòcrates i els seus interlocutors (Glaucó, Adimant, etc.) estan construint en la seua imaginació l'Estat Ideal, que contrasta amb els Estats imperfectes de fet existents. Aquest Estat Ideal es compon de tres classes naturals que cooperen harmònicament, acomplint cadascuna la seua funció específica en el conjunt de la societat. Aquestes classes són: els productors, els guardians i els governants.

2.2. El contingut del "Llibre VI" de La República

Si en el "Llibre III" de *La República* Plató s'ocupava en detall de l'educació dels guardians, basada en la gimnàstica i la música, en el "Llibre VI" Plató comença a ocupar-se de l'educació que han de seguir els futurs governants (502d). Tracta a més altres assumptes, com la necessitat que siguen els vertaders filòsofs els que assumisquen el govern de l'Estat. Així, per exemple, examina com distingir una naturalesa o ànima filosòfica d'una altra que no ho és (484a-487b); també analitza la causa del desprestigi de la filosofia als ulls de la plebs (487b-489e); i insisteix en l'important paper moral de l'educació per a evitar que aquells que tenen dots i talents filosòfics es corrompen i es deixen arrossegar per l'afalac, l'ambició o els plaers (490e-495d); critica el que ensenyen els sofistes sobre el bo i el just (493a-c) i, finalment, s'ocupa de com convéncer el populatxo de la idoneïtat d'un govern de filòsofs (499e-502a).

Després d'açò, en el capítol XV (502d) Plató comença a abordar el tema de l'educació del bon governant, preparant així el camí cap al "Llibre VII", que s'ocuparà d'aquest tema amb detall. L'Estat s'encarregarà de seleccionar els millors i dotar-los de la més completa i elevada educació, necessària per a governar amb saviesa la societat. Aquesta educació tindrà com a meta conduir el futur governant cap "als més grans ensenyaments" (504a), és a dir, el coneixement de la justícia, la temprança, la valentia i la prudència, coneixements tots ells relacionats amb les virtuts de l'ànima justa. Però, per damunt del coneixement d'aquestes coses, està el de la Idea del Bé (504b-505a). Aquest coneixement està òbviament relacionat amb el de l'essència de les virtuts abans esmentades, però es tracta d'un coneixement encara superior, el "més sublim i el més adient al governant" (504d), i tan important que "encara que coneguérem amb la major perfecció possible tota la resta, excepte això, no ens serviria per a res" (505a).

Per fi, en el capítol XVI aborda Plató l'esperada qüestió: però què és el Bé? En què consisteix el Bé en si? Tanmateix, per ara, el personatge Sòcrates es limita a arreplegar i criticar les opinions que altres han formulat sobre el tema: per a alguns (en al·lusió probablement als cirenaics) el bé consisteix en el plaer, però acaben enredant-se en contradiccions quan reconeixen l'existència de plaers dolents; per a altres el bé consisteix en el coneixement, però quan els preguntes no saben molt bé què volen dir amb això. Plató presenta la qüestió com a summament difícil i escabrosa; no és fàcil determinar en què consisteix el Bé en si. Pareixeria que és quelcom inefable o incomunicable, i que l'única manera de comprendre-ho fóra ascendint dialècticament fins a la Idea mateixa del Bé, i contemplar-la un mateix. No obstant això, en aquest capítol queden clares algunes coses sobre el Bé. En primer lloc, és patent la utilitat èticopolítica del coneixement del Bé en si: el bé —diu Plató— és allò que tots perseguim i l'objectiu de les nostres accions, però no sempre sabem reconéixer-lo amb claredat, i per això a vegades errem (505e). Per tant, el seu coneixement és indispensable als governants per a poder actuar rectament i organitzar harmònicament la comunitat (506b). D'altra banda conéixer la Idea del Bé proporciona una visió relacional i de conjunt de totes les coses bones, de la relació entre elles i de cadascuna amb el Bé en si. Açò vol dir que per a reconéixer quines coses són bones i justes, el governant ha de saber en quin sentit ho són, és a dir, com es relacionen amb la Idea del Bé en si.

2.3. El contingut del fragment que ens ocupa (de 506b fins a 511e)

Què és el Bé en si? Amb aquest tema s'inicia el fragment de l'obra que ens ocupa, i ja s'ha anat anunciant des de pàgines anteriors, en connexió amb la necessitat de formar els futurs governants en aquest coneixement. Després d'haver arreplegat i examinat prèviament altres opinions sobre el tema, pareix que per fi Plató va a abordar aquesta difícil qüestió. Per fer-ho utilitza la comparació de la Idea del Bé amb el sol. Aquesta comparació li servirà a Plató per a il·lustrar les tres funcions de la Idea del Bé: l'epistemològica, l'ontològica i la pràctica o ètico-política (506e fins a 509c). A continuació segueix el passatge del símil de la línia (capítols XX i XXI), per mitjà del qual Plató intenta establir una gradació entre els distints nivells de realitat o de ser, en correspondència amb els distints nivells de claredat en el saber. Acaba ací el "Llibre VI", i el fragment continua en el "Llibre VII" amb el conegut mite de la caverna (capítols I-III). Es tracta novament d'una al·legoria o comparació que representa, entre altres coses, el camí que ha de recórrer l'educació del governant, i el pas de l'opinió —en què viuen la majoria dels humans— al coneixement. El capítol IV del "Llibre VII" està dedicat a com cal entendre l'educació, en contraposició als sofistes; i, finalment, el capítol V se centra novament en la política, l'Estat i la justificació racional de la proposta d'un govern de filòsofs.

2.4. El contingut del "Llibre VII" de La República

El "Llibre VII" de *La República*, del qual, com hem dit, veurem els 5 primers capítols, n'està compost per un total de 18. El tema central del llibre és l'educació especial que han de seguir els futurs governants de l'Estat Ideal. En els capítols que segueixen al V (des de 521c fins al final), després de reflexionar sobre el concepte d'*educació* i la transformació interior que aquesta ha d'operar en el futur governant, Plató se centra en explicar i justificar quines matèries o disciplines hauran d'incloure's en la formació del futur governant, a quines edats haurà de cultivar-se cadascuna i de quina manera. Com va quedar establit ja en el "Llibre VI" (505a), l'educació del governant tindrà com a finalitat principal i última la contemplació de la Idea del Bé, i per a arribar a aquesta meta caldrà cultivar inicialment les matemàtiques, i posteriorment la dialèctica (la filosofia). Plató insisteix en deixar ben clar que el cultiu de les matemàtiques és necessari, però només és una preparació o antesala de la dialèctica, que és la ciència de les Idees i de les seues relacions, i l'única que ens permetrà aconseguir una clara visió de cada Idea i, finalment, de la Idea del Bé i de la relació de cada Idea amb ella (531d-535a).

2.5. Els personatges

Al principi del fragment que estudiem de *La República* apareixen dialogant Sòcrates i Adimant; posteriorment intervé Glaucó, que dialoga amb Sòcrates ja fins al final. Com podràs comprovar per tu mateix, la major part de les intervencions de Glaucó i d'Adimant es limiten a assentir a allò que diu Sòcrates, que és qui porta la veu cantant. Què sabem d'aquests personatges?

a) SÒCRATES: Mestre de Plató, que posa en boca d'aquest personatge els seus propis punts de vista, com a forma de retre-li homenatge. És el personatge que porta la veu cantant. És típica d'ell la humilitat (recordem la seua cèlebre sentència "Només sé que no sé res").

b) ADIMANT: Aquest personatge es correspon amb el germà major de Plató, més insistent i intel·ligent que Glaucó.

c) GLAUCÓ: És el germà menor de Plató, més simpàtic i espontani que Adimant, però moltes vegades mostra torpor i malinterpreta el que diu Sòcrates, que es veu obligat a explicar-se amb major claredat.

2.6. L'estructura del fragment

Per a facilitar la seua lectura i comprensió, hem agrupat els capítols que componen el fragment que cal estudiar en quatre blocs o nuclis temàtics, d'acord amb el següent ESQUEMA-RESUM. Cal que quede clar que aquesta agrupació dels capítols en blocs no és del mateix Plató, sinó nostra, i només amb vista a treballar millor el text.

BLOCS TEMÀTICS	*CAPÍTOLS PER BLOC*
BLOC 1: El Bé en si. Comparació amb el sol.	Capítol XVIII: Inici de la comparació. La visió, el visible i la llum. Capítol XIX: El sol i la seua relació amb la vista i les coses visibles. Comparació amb el Bé.
BLOC 2: El símil de la línia	Capítol XX: El símil de la línia (fins als objectes matemàtics). Graus del ser. Capítol XXI: El símil de la línia (continuació). Diferències i semblances entre objectes matemàtics i Idees. Graus de saber.
BLOC 3: El mite de la caverna	Capítol I: Descripció de la caverna. Capítol II: L'ascensió del presoner alliberat a l'exterior. Capítol III: Claus interpretatives del mite: relació amb els graus de realitat i amb els graus de saber.
BLOC 4: Educació i política	Capítol IV: L'educació, art d'encaminar l'ànima cap a l'intel·ligible. Capítol V: Justificació de la teoria del filòsof governant.

BLOC 1

EL BÉ EN SI. LA COMPARACIÓ AMB EL SOL ("LLIBRE VI", CAPÍTOLS XVIII-XIX)

GUIA DE LECTURA

En pàgines anteriors, Sòcrates, Adimant i Glaucó s'han ocupat de construir en la imaginació l'Estat Ideal. En 520d comencen a tractar el tema de l'educació dels governants d'aquest Estat imaginari; ara conversen sobre el Bé en si, perquè el seu coneixement resulta absolutament imprescindible per a educar el bon governant, ja que només si els ciutadans encarregats del govern de la ciutat tenen un clar coneixement del Bé podrem assolir "una comunitat perfectament organitzada" (506a-b).

Com veuràs de seguida, en els dos capítols que anem ara a tractar, Plató se centrarà de ple en el Bé en si (la Idea del Bé); però fixa't que abans d'entrar en matèria ens recorda la distinció entre conéixer i opinar (506c), i també la distinció entre realitats sensibles —caracteritzades per la multiplicitat—, i les Idees —caracteritzades per ser úniques (507b)—. Tornant al tema del Bé en si, aquest assumpte li pareix a Sòcrates massa elevat i difícil, i fa la impressió que, per aquesta raó, renunciarà a tractar-lo, però finalment s'ocupa d'ell, i, com de costum, recorre a una comparació o analogia: la de la Idea del Bé amb el sol. Entre el Bé i el sol hi ha un clar paral·lelisme o semblança, i per això Plató denomina el sol "fill del Bé", per expressar així la similitud entre els dos. La funció d'aquesta comparació és pedagògica; en general Plató recorre a les comparacions quan vol explicar quelcom difícil, desconegut o poc familiar.

L'analogia és la següent: la Idea del Bé és, en certa manera, com un sol en el món de les Idees. Si en el món sensible tot gira entorn del sol, en el món de les Idees el centre i el fonament de l'ordre és la Idea del Bé. La relació que la Idea del Bé guarda amb la intel·ligència i amb la resta de les Idees és molt semblant a la que, en el món sensible, el sol guarda amb la vista i amb les coses visibles.

A la base d'aquesta comparació està la tesi de Plató que el món de les Idees és el model etern copiat pel món sensible, de manera que és raonable suposar que amb la investigació de les coses de baix (el sol i la seua relació amb la vista i amb les coses visibles) ens podem aproximar a la comprensió de les coses de dalt (la Idea del Bé i la seua relació amb la intel·ligència i les altres Idees).

Com podràs comprovar per tu mateix en llegir aquestes pàgines, en l'analogia entre el Bé i el sol Plató destaca dos aspectes: l'epistemològic i l'ontològic.

a) **L'aspecte epistemològic de la comparació:** Així com el sol, en il·luminar-les amb la seua llum, fa que les coses sensibles siguen visibles per a la facultat de la vista, la Idea del Bé —que és com el sol del món de les Idees—, en il·luminar-les amb la veritat i el ser, fa que les Idees siguen intel·ligibles o accessibles a la intel·ligència (508d) i que s'hi puguen conèixer.

b) **L'aspecte ontològic de la comparació:** Però el sol i la seua llum no sols són la causa que els objectes visibles puguen ser vistos per l'ull, sinó també la causa de la seua pròpia existència, de la seua generació i del seu creixement. De manera anàloga, la Idea del Bé és la causa del ser i de l'essència de les Idees eternes i immutables (509b).

Per comprendre bé els dos capítols següents és fonamental que completes aquesta informació amb la **"Informació Complementària"** que segueix al text de Plató, i que realitzes les activitats proposades, segons les instruccions del professor o de la professora.

Acròpolis d'Atenes

TEXT: CAPÍTOLS XVIII-XIX "LLIBRE VI"

CONTEXT

El tema de discussió és ara el bé en si, en el coneixement del qual cal educar el governant. Fins ara, Sòcrates s'ha limitat a exposar les opinions que uns i altres tenen (505b-d): per a uns el bé en si consisteix en el plaer, i per a altres en el coneixement. Sòcrates veu problemes en ambdues definicions del bé i no es decideix per cap. Per això Adimant comença aquest fragment insistint-li perquè els il·lustre i expose la seua pròpia opinió, no sols la dels altres. Sòcrates es mostra reticent, ja que el tema no és fàcil i hi reconeix grans dubtes. Reitera que no sap, i que no és el mateix una simple opinió que l'autèntic coneixement. Comença el diàleg Adimant, i de seguida intervé per ajudar-lo el seu germà Glaucó; entre ambdós aconsegueixen —per fi! — que Sòcrates es decidisca a tractar aquest difícil assumpte.

XVIII

- ADIMANT: Però a veure: tu, Sòcrates, dius que el bé és el conei- 506b
xement, que el bé és el plaer, o que és alguna altra cosa diferent d'aquestes?

- SÒCRATES: Vaja! —vaig exclamar—, ja es veia des de fa estona que no t'anaves a acontentar amb el parer dels altres sobre això.

- ADIMANT: Perquè no em sembla correcte, Sòcrates —va dir—, que qui durant tant de temps s'ha ocupat d'aquestes qüestions puga exposar les opinions dels altres, però es reserve la seua.[1]

- SÒCRATES: Doncs què? —vaig dir jo— Et sembla correcte que c
algú parle de les coses que no sap com si les sabera?

- A: No, com si les sabera no —va dir—, però sí que s'ha de prestar a exposar la seua opinió, el que ell creu.

- S: I què? —vaig dir— ¿No t'has adonat que les opinions sense coneixement són totes defectuoses? D'elles, les millors són cegues. ¿O creus que hi ha alguna diferència entre els cecs que, tot i això, van pel bon camí, i aquells que, sense coneixement, tenen alguna opinió vertadera?[2]

- A: No n'hi ha cap —digué.

- S: ¿Vols, llavors, veure coses defectuoses, cegues i tortes, quan podries sentir-ne de clares i belles, dites d'altres?[3] d

[1] Això és el que ha fet abans, en el capítol XVII (505b-d): exposar les opinions d'uns altres.

[2] Una opinió pot ser vertadera, però sense coneixement, és a dir, encertada com per casualitat, però sense estar fundada en el coneixement de la Idea.

[3] Típica humilitat socràtica.

- GLAUCÓ: Per Zeus, Sòcrates! —va dir Glaucó—. No et detingues com si ja hagueres acabat. Perquè a nosaltres ens bastarà que, així com ens has explicat el que eren la justícia, la temprança i les altres virtuts, ens expliques ara què és el bé.

- S: També jo, company —vaig dir—, em donaria per ben satisfet. Però tem ser-ne incapaç, i provocar les vostres rialles amb els

e meus ineptes esforços. En fi, deixem per ara, benaurats amics, què és el bé en si, perquè veig que l'empenta que portem és insuficient per a arribar a elevar-nos al que jo en pense. En canvi estic disposat a parlar-vos d'un fill del bé que se li assembla moltíssim;[4] això si us sembla oportú, altrament ho deixem córrer.

507 a - G: Parla —va dir—. La descripció del pare ja ens la pagaràs en una altra ocasió.[5]

- S: Tant de bo —vaig dir— poguera jo pagar-la i vosaltres cobrar-la completa, en compte de, com ara, només els interessos! En fi, ingressem ara els interessos, el fill del bé en si. Però vigileu que jo, sense voler, no us enganye, pagant-vos els rèdits amb moneda falsa.

- G: Vigilarem tot el que podrem —va dir—. Però tu parla.

- S: Sí —vaig contestar—, però només quan ens hàgem posat d'acord i us haja fet memòria del que ja hem dit abans i repetit moltes vegades.

b - G: A què et refereixes? —va dir.

- S: Afirmem i definim en el nostre discurs —vaig dir— que hi ha moltes coses bones i moltes coses belles, i moltes coses també de cadascuna de les altres classes.

- G: En efecte, ho afirmem.

- S: I, d'altra banda, que hi ha el bell en si i el bé en si, i de tot allò que establíem com a múltiple considerem, igualment, que correspon a una única idea, i d'aquesta unitat diem que n'és, en cada cas, l'essència.

- G: Exacte.

- S: I del múltiple diem que és veu, però no es comprén, i de les idees, en canvi, que es comprenen, però no es veuen.

- G: Exacte.

c - S: Ara bé, amb què de nosaltres veiem el que és vist?

- G. Amb la vista —va dir.

---

[4] Es refereix al sol, com es veurà més avant, que té molt en comú amb la Idea del Bé.

[5] Es juga amb l'equívoc de la paraula *tókos*, que significa "fill" i també "els interessos que produeix un capital posat a rèdit".

- S: ¿I no percebem —vaig dir— amb l'oïda el que és oïble i amb els altres sentits tot el que és sensible?

- G: Com no?

- S: Per cert —vaig dir—, ¿no t'has adonat que l'artífex dels sentits construí amb molta més perfecció el poder de veure i de ser vist?

- G: No hi he caigut —va dir.

- S: Doncs considera el següent: ¿hi ha alguna altra cosa, d'espècie distinta, que l'oïda necessite per a oir o a la veu per a ser
oïda? ¿Algun tercer element en absència del qual ni l'una oirà ni l'al- d
tra serà oïda?

- G: No els cal res més[6] —digué.

- S. I crec també —vaig dir jo— que hi ha moltes altres facultats, per a no dir totes, que no necessiten aquest tercer element. O podries tu citar-ne alguna?

- G: Jo no —va dir.

- S: Però la vista i el que és visible, no t'has adonat que necessiten aquest tercer element?

- G: Sí? Com?

- S: Així: encara que en els ulls hi haja vista i el seu posseïdor vullga usar-la, i encara que el color estiga present en les coses, saps
molt bé que, si no s'afegeix un tercer element constituït particular- e
ment per a això, ni la vista veurà res ni els colors seran visibles.

- G: I què és això a què et refereixes? —va dir.

- S: Allò que tu anomenes llum —vaig contestar.

- G: Tens raó —digué.

- S: No és poca la mesura, doncs, en què el llaç d'unió entre el
sentit de la vista i la capacitat de ser vist supera en excel·lència el 508
que formen les altres unions, llevat que la llum siga quelcom menys- a
preable.

- G: No —va dir—; està molt lluny de ser-ho.

XIX

- S: Doncs a quin dels déus del cel pots atribuir el govern d'aquestes coses i la producció de la llum, per la qual nosaltres veiem, i els objectes són vistos, amb la major perfecció possible?

- G: Al mateix que tu i que qualsevol altre —va dir—, perquè és evident que em preguntes pel sol.

[6] Es diria que Plató ignora que, a banda de l'oïda i d'allò que és oïble, cal també un tercer element que actue de vehicle de transmissió: l'aire.

- S: Doncs bé, la relació entre la vista i aquell déu no serà aquesta?

- G: Quina?

- S: El sol no és la vista en si, ni és tampoc l'òrgan on la vista radica, que anomenem ull.

- G: No, no ho és.

b - S: Tanmateix aquest és, entre els òrgans sensorials, el més semblant al sol, crec jo.

- G: I tant que sí.

- S: I el poder que té, no l'adquireix com una espècie d'emanació dispensada pel sol?

- G: Indiscutiblement.

- S: De manera que el sol no és la visió, sinó que n'és la causa, i és alhora percebut per la visió mateixa.

- G: Així és —digué.

- S: Doncs bé —va continuar—, pots afirmar que el que jo designava
c com a fill del bé és el sol, que ha estat engendrat per aquell a la seua semblança, de manera que es comporta en la regió visible, respecte a la visió i a allò vist, igualment com el bé en la regió intel·ligible, respecte a la intel·ligència i a allò que aquesta comprén.[7]

- G: Com? —digué—. Explica-m'ho un poc més.

- S: Respecte als ulls —vaig dir—, ¿saps que quan no s'adrecen a coses amarades per la llum del dia, sinó que albiren ombres nocturnes, semblen apagats i quasi cecs, com si en ells no hi haguera una visió nítida?

- G: Bé que ho sé —va dir.

d - S: En canvi, sempre que el sol cau de ple en alguna cosa, els ulls la veuen clarament, i es fa patent que en ells hi ha visió.

- G: Sí, no pot ser d'altra manera.

- S: Doncs bé, considera igualment el següent respecte a l'ànima: quan es fixa en allò il·luminat per la veritat i el ser, llavors ho entén i ho coneix, i s'evidencia que té intel·ligència; però quan es fixa en allò que està barrejat amb tenebres, el que naix i pereix, llavors l'ànima es torna com cega, no fa més que canviar d'opinions contínuament i sembla mancada d'intel·ligència.

- G: Sí, fa aquest efecte.

e - S: Pots dir, per tant, que allò que proporciona la veritat als objectes del coneixement i la facultat de conéixer a qui coneix és la

[7] "Allò que aquesta comprén" és, naturalment, l'intel·ligible.

idea del bé, que has de concebre com a objecte del coneixement, però també com a causa de la ciència i de la veritat; i així, per molt belles que siguen ambdues coses, el coneixement i la veritat, jutjaràs rectament si consideres la idea del bé com una altra cosa distinta, i més bella encara. I, respecte al coneixement i la veritat, així 509
com en aquell altre món pot considerar-se que la llum i la visió s'as- a
semblen al sol, però no són el sol mateix, igualment en aquest és encertat considerar que l'un i l'altra són semblants al bé, però no són el bé mateix, perquè l'estima que ens cal a la condició del bé és encara molt major.

- G: Quina inefable bellesa li atribueixes! —va dir— Perquè tot i ser la font del coneixement i de la veritat, tanmateix els supera, segons tu, en bellesa. No crec, doncs, que la identifiques amb el plaer.[8]

- S: No profanes amb paraules allò sagrat! —vaig dir— Però continua considerant la seua imatge de la manera següent.

- G: Com?

- S: El sol, crec jo que diràs, a les coses vistes no els dóna úni- b
cament la possibilitat de ser-ho, sinó també la generació, el creixement i el nodriment; malgrat que ell, tanmateix, no és generació.

- G: Com havia de ser-ho?

- S: Doncs de la mateixa manera pots afirmar que, a les coses intel·ligibles, no els advé del bé únicament la qualitat de ser intel·ligibles, sinó també el fet de ser i l'essència que tenen, encara que el bé en si no és l'essència, sinó quelcom més elevat que la supera en poder i en dignitat.

---

[8] Recordem el principi (505b-d): Per a uns el bé consistia en el coneixement, idea que ha quedat qüestionada; per a uns altres el bé consisteix en el plaer, idea tan desencertada que ni tan sols mereix ser considerada.

INFORMACIÓ COMPLEMENTÀRIA

I. La Idea del Bé

Si les Idees són models de perfecció i l'autèntica realitat, la Idea del Bé, representa la màxima perfecció i la màxima realitat, i governa el món de les Idees de la mateixa manera que el sol i la seua llum governen el món sensible. D'acord amb la filosofia platònica la Idea del Bé exerceix diverses funcions:

1. **Funció ontològica**: Com ja hem dit anteriorment, Plató identifica perfecció i realitat, de manera que com més perfecta, més real serà una cosa, i com menys perfecta, menys real. Per això la Idea del Bé —que és el màximament perfecte— representa el màximament real. A més, com s'ha vist en el text, ella és **la causa del ser, de la perfecció i de l'existència** de les altres Idees. La raó d'això és que, així com les coses sensibles participen de les Idees, també cada Idea participa de la perfecció de la Idea del Bé. Per consegüent, les Idees li deuen la perfecció, el ser i l'essència, a aquesta Idea. I també les coses sensibles, almenys indirectament, li deuen l'existència, perquè només són en tant que participen de les Idees, que, al seu torn, li deuen l'existència a la Idea del Bé. Per tant, el poc o molt que les coses sensibles tinguen de perfectes, de bones i de reals, ho deuen a aquesta Idea.

2. **Funció epistemològica**: La Idea del Bé és, a més, la causa de la intel·ligibilitat de les restants Idees, allò que permet que puguen ser conegudes o intel·ligides per l'ànima humana (recordem la comparació amb el sol i la seua llum). Si les Idees són racionals i cognoscibles per a la intel·ligència humana és justament perquè participen de la Idea del Bé; en cas contrari serien incognoscibles.

3. **Funció ètica i política (funció pràctica)**: La Idea del Bé és també el fonament de l'ètica i de la política. El coneixement del Bé en si és imprescindible per canalitzar sàvia i rectament la vida privada, perquè només qui l'haja aconseguit sabrà en què consisteix el vertader bé humà, allò que els humans anomenen felicitat i virtut i, ja en el món de les coses materials i sensibles, podrà distingir amb més claredat el bo del dolent, i orientar les seues accions d'acord amb això. A més, en relació a la política, el bon governant ha d'haver contemplat el Bé en si per tindre una clara visió del bé de l'Estat, i governar de cara a aconseguir-lo. Per això el coneixement del Bé en si serà la meta última que persegueix la seua educació.

4. **Principi unificador**: La Idea del Bé és també un principi unificador del món de les Idees i de la totalitat de la realitat i, en conseqüència, atorga unitat al món. Així com cada Idea unifica una multiplicitat de coses sensibles, subsumint la pluralitat sensible en una única Idea, la Idea del Bé unifica la pluralitat de les Idees en un principi unificador suprem. Per tant totes les formes de realitat —ja siga sensible o intel·ligible— estan subordinades al Bé en si.

5. **Causa final i causa de l'ordre del món**: La Idea del Bé és la causa final, és a dir, el model últim a què tendeixen o aspiren a semblar-se totes les realitats. Així, tant el cosmos sensible com el cosmos intel·ligible apunten cap a la Idea del Bé, a la qual imiten, el primer de forma imperfecta, i el segon perfecta.

A més, alguns autors (els neoplatònics i els primers filòsofs cristians) han volgut veure en la Idea del Bé connotacions religioses i teològiques, i això afegiria a les anteriors una sexta funció: **la funció religiosa o teològica**. En tot cas, la Idea del Bé en Plató és un assumpte sovint fosc, molt debatut entre els especialistes i intèrprets de Plató. Tanmateix, sembla clar el següent:

- La Idea del bé no és una essència, sinó la causa de totes les essències o Idees i, per tant, una realitat superior a les restants Idees (509b). O podríem dir també que la Idea del Bé és l'essència de totes les Idees.
- El coneixement de la Idea del Bé és la meta última de la filosofia i de l'ascens dialèctic, del qual Plató ens parlarà en el mite de la caverna, reprenent la comparació amb el sol (514a-518b).
- El coneixement del Bé en si implica, per les raons que hem vist abans, un **coneixement global de la totalitat de la realitat i una visió completa de l'ordre que presideix el món de les Idees**, ordre que el món sensible copia imperfectament i al qual el món dels assumptes humans (la política, la societat, l'Estat, etc.) ha de tractar d'aproximar-se.
- El coneixement de la Idea del Bé sembla ser una experiència incomunicable, que un mateix ha de realitzar, la meta final d'un camí de coneixement que un mateix ha de recórrer sense cap possibilitat que altres ho facen per ell. I és que la captació del Bé en si, com la captació de qualsevol Idea, és el resultat d'una intuïció de l'ànima, d'un coneixement intel·lectual immediat. El coneixement del Bé en si sembla quelcom **inefable,** incomunicable, per això el personatge Sòcrates en el text anterior té raons per a resistir-se a parlar-ne (a banda de la humilitat de qui reconeix no saber) i, quan s'anima a ferho, és mitjançant una analogia (506ce).

ACTIVITATS

I. ACTIVITATS DE LECTURA I COMPRENSIÓ

1. **HO DIU EL TEXT?** Llig atentament els dos capítols que integren aquest bloc i contesta verdader o fals: V si estàs d'acord amb la interpretació que es fa del text; i F en cas contrari. Si contestes F, raona la resposta en el teu quadern de classe, recolzant-la en el text.

a) ☐ En 506c, saber i coneixement poden considerar-se com a termes equivalents.

b) ☐ Igualment, en el mateix paràgraf, Sòcrates dóna a entendre que una "opinió vertadera" és sinònim de coneixement.

c) ☐ En 506e Glaucón fa referència a un moment anterior quan Sòcrates va exposar el que pensava sobre la justícia i les altres virtuts, moment arreplegat en el "Llibre V" de La República.

d) ☐ Sòcrates es mostra reticent a parlar del bé en si perquè se sent incapaç de fer-ho i creu que altres poden fer-ho millor que ell.

e) ☐ En 507b Plató recorda la distinció feta en un altre moment de l'obra entre coses sensibles i Idees.

f) ☐ La diferència fonamental entre ambdues realitats és, segons s'assenyala clarament en aquest paràgraf, que les coses sensibles són canviants, mentre que les Idees són immutables.

g) ☐ En 507c Plató ve a dir, per boca de Sòcrates que, a diferència del que passa amb la major part dels sentits, en els quals intervenen tres elements, en el cas de la vista només n'intervenen dos: l'ull i l'objecte vist.

h) ☐ En 508b es diu del sol que és alhora objecte visible a l'ull i causa de la visió dels objectes sensibles.

i) ☐ En 508d el que Plató ve a dir és que, quan l'ànima se centra en el sensible, tan sols podrà aconseguir opinió, mentre que si investiga l'intel·ligible, llavors, i només llavors, aconseguirà coneixement (intel·ligència).

j) ☐ Segons es desprén de 509b, la Idea del Bé només és causa de la cognoscibilitat de les Idees, però no de la seua existència o realitat.

k) ☐ En 509a amb els termes l'*un* i l'*altra* s'està referint Plató al sol i a la llum del sol.

2. **LOCALITZA, SUBRATLLA I RELACIONA**
Localitza i subratlla en el text les expressions del capítol XVIII del "Llibre VI" que apareixen a l'esquerra de la taula següent, i relaciona-les amb les que apareixen en la columna de la dreta.

CAPÍTOL XVIII ("LLIBRE VI")	
1- "opinió"	a) tres elements
2- "el bé en si"	b) dos elements
3- "el fill del bé"	c) el que es comprén
4- "el múltiple"	d) el sensible
5- "Idees"	e) el sol
6- "oir"	f) la Idea del Bé
7- "veure"	g) saber fosc

3. **LOCALITZA, SUBRATLLA I RELACIONA**
Fes el mateix que en l'exercici anterior, però ara amb les expressions que apareixen en el capítol XIX del "Llibre VI".

CAPÍTOL XIX ("LLIBRE VI")	
1- se li atribueix "la producció de la llum"	a) les Idees
2- "l'òrgan més semblant al sol"	b) com la veritat i el coneixement
3- "la regió visible"	c) el poder ser conegudes
4- "la intel·ligència"	d) el món sensible i material
5- "els objectes del coneixement"	e) semblant a la visió
6- "la llum i la visió"	f) l'ull
7- "la qualitat de ser intel·ligibles"	g) la realitat
8- "el fet de ser i l'essència que tenen"	h) el sol

II. ACTIVITATS DE DEFINICIÓ DE TERMES

TEXT CAPÍTOL XVIII

4. **ACTIVITAT GUIADA:** Defineix els termes ***el múltiple*** **i** ***Idees***, deixant clar a què es refereix cadascun i remarcant la seua contraposició. Hauràs de partir de la informació del text i completar-la amb els teus coneixements sobre la filosofia de l'autor. Segueix la pauta següent (vegeu els consells de l'apartat final "La Prova d'Accés a la Universitat").

   a) Indica quines de les següents expressions del text convenen al terme *el múltiple* i quines convenen al seu contrari *Idees*: "moltes coses bones", "moltes coses belles", "múltiple", "el bell en si", "el bé en si", "una única Idea", "unitat", "el que és", "és veu", "no es comprén", "es comprenen", "vistes". Per contestar construeix una taula d'oposicions amb dues columnes: una encapçalada per "El múltiple" i una altra per "Idees" (el contrari).

b) De les expressions anteriors, localitza i subratlla en el text les expressions que convenen a "el múltiple". Subratlla igualment —si és possible en un altre color— les que convenen al seu contrari, "Idees".

c) Recolza't en la taula d'expressions contraposades per explicar el que diu el text d'ambdós termes mostrant el joc d'oposicions.

d) Completa la definició d'ambdós termes amb els teus coneixements sobre la filosofia de Plató.

e) Comença aclarint a quin concepte de la seua filosofia es refereix Plató amb l'expressió *el múltiple* i després centra't en explicar-lo, sense oblidar relacionar-lo amb el terme contrari *Idees*.

5. **DEFINEIX** el terme ***opinió sense coneixement*** que apareix en el text, partint de la informació que aquest ofereix i completant-la amb el coneixement que tingues de la filosofia de l'autor.

   a) Subratlla en el text expressions que li convenen, com ara: "defectuoses", "sense coneixement tenen una opinió vertadera", com "els cecs que, tot i això, van pel bon camí", "coses defectuoses, cegues i tortes" (en contraposició a "clares i belles"), "coses que (algú) no sap", "opinar" sobre el bé, etc.

   b) Recolza't en elles i en els teus coneixements sobre Plató per definir aquest concepte.

   c) Explica aquest concepte també per oposició al seu contrari: *opinió amb coneixement*. ¿Què seria una *opinió amb coneixement* en contraposició a una *opinió vertadera sense coneixement*?

TEXT CAPÍTOL XIX

6. Explica les expressions contraposades **"allò il·luminat per la veritat i el ser"** i **"allò que està barrejat amb tenebres, el que naix i pereix"**. Després d'aclarir el seu significat defineix els conceptes a què es refereixen, a partir del text, completant-ho amb els teus coneixements i remarcant la seua contraposició.

7. Defineix el terme ***Idea del Bé***, exhaurint la informació que dóna el text i completant-la amb els teus coneixements de la filosofia platònica a banda del text.

8. Aclareix les expressions contraposades ***aquell altre món*** i ***aquest món***, defineix els conceptes filosòfics a què al·ludixen, remarcant la seua contraposició, i servint-te tant de la informació del text com dels teus coneixements sobre Plató.

9. Fes el mateix amb els termes ***essència*** i ***generació***.

III. ACTIVITATS DE SÍNTESI D'UN TEXT I D'ARGUMENTACIÓ

COM FER LA SÍNTESI D'UN TEXT: CAPÍTOL XVIII

a) Identifiquem en el text els diferents **nuclis temàtics** que es van tractant i fem anotacions al marge, com ara: *Bé en si, Distinció entre opinar i conéixer, El "fill del bé", Distinció entre Idees i realitats sensibles, La vista en oposició als altres sentits.*

b) Dividim el text en parts o paràgrafs. A cadascun li assignem el nucli temàtic que li corresponga.

c) Sintetitzem **la idea principal** de cada paràgraf, que es relaciona, evidentment, amb el nucli temàtic corresponent.

d) Dins de cada paràgraf identifiquem també altres **idees secundàries** relacionades amb la principal (idees que l'expliquen, la completen, la matisen, la recolzen, etc…).

e) Exposem ordenadament aquestes idees numerant-les. Per a diferenciar les idees principals de les secundàries podem fer subapartats.

f) Si hi ha paràgrafs on es donen raons o s'argumenta, intentem reflectir l'estructura argumentativa, subratllant les expressions que evidencien aquesta connexió entre idees, com ara: *La raó de l'anterior és que…, ja que..., perquè* (premisses), *d'això se segueix que…, la conseqüència que se'n deriva és que…, per tant…* (conclusió), etc.

g) Vegeu també l'apartat final: "La Prova d'Accés a la Universitat".

Seguint aquesta pauta de treball, la síntesi del capítol XVIII pot quedar així:

MODEL DE SÍNTESI D'UN TEXT
SÍNTESI DE LES IDEES PRINCIPALS DEL CAPÍTOL XVIII

1. El tema amb què s'inicia el text és el Bé en si (506b-d)
   - 1.1. Per a uns és el plaer, per a uns altres és el coneixement
   - 1.2. Sòcrates es resisteix a donar la seua opinió. Les raons d'això són:
     - Afirma no saber
     - Una opinió sense coneixement és cega
     - Argumenta distingint entre opinar i saber, opinió sense coneixement i opinió amb coneixement
2. En conseqüència, es recondueix el tema: del Bé en si al "fill del bé" - el sol (506d-507a)

3. Es recorda abans la distinció entre Idees i realitats sensibles (507b-c)
   3.1. Les Idees són úniques, es comprenen i són invisibles.
   3.2. Les realitats sensibles són múltiples, no es comprenen i són visibles.

4. La vista és diferent de l'oïda i d'altres facultats. La raó d'això és el següent (507c-508a):
   4.1. L'oïda i els altres sentits requereixen dos elements: el sentit i el que es percep
   4.2. La vista, en canvi, en requereix tres: la vista, l'objecte i la llum del sol que l'il·lumina

10. Fes una síntesi del capítol XIX. Per a això rellegeix el capítol i completa amb les paraules que falten les comparacions que fa Plató entre el sol i el Bé.

SÍNTESI INCOMPLETA CAPÍTOL XIX

I. **IDEA PRINCIPAL**: El Bé en si és semblant a..............................

II. **IDEES QUE DESEVOLUPEN LA IDEA PRINCIPAL:**

1) El sol produeix llum i gràcies a ella les coses són visibles per a la vista (508a); de manera semblant, la Idea del Bé il·lumina les Idees amb la................., fent-les.................per a la................. (508cd).
2) Per a veure fan falta tres elements, que són................................. (507d-508a); l'últim el proporciona el sol. Anàlogament, per aconseguir autèntic coneixement fan falta tres elements, que són.................................; l'últim d'ells el proporciona el Bé en si i és semblant a la llum (508ce).
3) Així com, quan fixem els ulls sobre objectes poc il·luminats per la llum del sol, no obtenim una "visió nítida" (508c), de la mateixa manera, quan l'ànima fixa la seua atenció en objectes poc il·luminats per la veritat i el ser, és a dir, en.., llavors no.. (508d).
4) De la mateixa manera que el sol és alhora causa de la visió de totes les coses i objecte ell mateix de la visió (508a), així també la Idea del Bé és alhora .... (508e).
5) Igual que el sol es relaciona amb la llum i la visió, però no consisteix en elles, la Idea del Bé es relaciona amb ...., però no consisteix en elles, sinó que n'és superior.
6) Per a finalitzar, el mateix que el sol proporciona a les coses visibles no sols visibilitat, sinó també generació, creixement i nodriment (almenys als éssers vius) i, per a dir-ho així, és causa del seu ser i existència —ja que sense el sol no serien—. La Idea del Bé proporciona a les coses intel·ligibles..............., és a dir,................ (509b).

IV. ACTIVITATS D'ACTUALITZACIÓ I DE RELACIONAR

11. **PLATÓ I EL NEOPLATONISME**: Informa't en Internet sobre Plotino i el neoplatonisme i respon: ¿Com interpretaren els neoplatònics la Idea del Bé?
12. **PLATÓ I AGUSTÍ D'HIPONA**: Documenta't sobre Sant Agustí (Agustí d'Hipona, segle V). ¿Com reinterpreta Sant Agustí la Idea del Bé?
13. **ACTUALITZACIÓ**: ¿Es podria continuar mantenint en algun sentit des de la ciència moderna (astronomia, física, cosmologia) que l'ordre imperfecte visible en l'univers físic plasma un ordre perfecte matemàtic del qual és reflex? Indaga en què consisteix la proposta de Plató als astrònoms de la seua època de "salvar els fenòmens", i si això mateix serviria per a l'astronomia actual.

V. ACTIVITATS DE REDACCIÓ FILOSÒFICA

1. Coneixement del Bé en si i bon govern de la ciutat.
2. El cosmos intel·ligible i el cosmos polític: l'ordre ontològic i l'ordre de l'Estat.
3. El paper de la Idea del Bé en la filosofia platònica.
4. Ordre intel·ligible, ordre sensible i ordre polític.
5. La teoria platònica de les Idees (Examen PAU, setembre 2003).

BLOC 2

EL SÍMIL DE LA LÍNIA („LLIBRE VI", CAPÍTOLS XX-XXI)

GUIA DE LECTURA

A partir d'ací, i fins al final del fragment de *La República* que estem estudiant, el diàleg es desenvolupa exclusivament entre Sòcrates i Glaucó, mentre que Adimant escolta. Com veuràs, en els dos capítols que segueixen, Plató exposa el conegut símil de la línia: un símil és una comparació o analogia que pot tenir fins pedagògics o literaris. En síntesi, l'objectiu del símil de la línia és mostrar l'existència d'una gradació en els objectes, segons una escala que va de menor a major realitat o autenticitat, i que es correspon amb una gradació en el saber que en podem obtenir, segons una escala que va de menor a major claredat.

En 509e el personatge Sòcrates demana a Glaucó que es represente una línia i la dividisca en dues parts desiguals: la part inferior representa el món sensible o "gènere del visible", mentre que la superior representa el món intel·ligible o "gènere de l'intel·ligible", que és imitat pel primer. A continuació li demana que "seguint la mateixa proporció" —per remarcar la semblança en la relació que s'estableix— dividisca el segment del **món sensible** en altres dues parts o subsegments: a) La inferior correspon a allò que anomena *les imatges*, que són simples reflexos, ombres o aparences deformades dels objectes de la part superior del segment del visible. b) En la part superior Plató posa les coses fabricades, animals i plantes, és a dir, *els éssers naturals i artificials* que poblen el món sensible. Mitjançant aquesta subdivisió Plató ens dóna a entendre l'existència, dins del món visible, de dos nivells de realitat sensible: un nivell inferior i menys autèntic —el de **les imatges**— i un altre nivell més real i autèntic —el dels **éssers naturals i les coses artificials**—, que és imitat pel primer.

El segment del **món intel·ligible** correspon a les realitats intel·ligibles, que es caracteritzen per ser immaterials, perfectes, ideals, immutables, eternes, no visibles i només accessibles a la intel·ligència. Sòcrates demana a Glaucó que dividisca també aquest segment en dues parts: a) La part inferior correspon *als objectes o entitats matemàtiques*, com ara triangles, nombres, cubs, esferes, figures geomètriques en general i altres objectes investigats pels matemàtics. Aquests objectes imiten o copien els de l'esglaó immediatament superior —les Idees—. Per això, encara que són més reals i perfectes que les coses del món sensible, al ser còpies de les Idees són, no obstant, menys reals que aquestes. b) La part superior del segment de l'intel·ligible correspon a *les Idees* o *principis* (*archai*), que representen el màxim grau de realitat o d'autenticitat. Idees i objectes matemàtics componen el món intel·ligible, que en conjunt és imitat pel món sensible, el qual és —per aquesta raó—, ontològicament inferior, és a dir, menys real.

Com tu mateix veuràs, al final del capítol XXI (511e) Plató estableix una clara correspondència entre els anteriors graus de realitat i certes operacions de l'ànima, associades a distints graus de claredat en el saber, de manera que **com menys realitat té un objecte, més fosc i confús serà el saber que l'ànima obté d'ell**. Així, l'opinió és l'estat mental de l'ànima que tan sols contempla les coses del món sensible. I, ja que hi ha dos nivells de realitats sensibles, Plató distingeix **dos nivells d'opinió** (***doxa***): a) **Un d'inferior,** que anomena ***conjectura (eikasía)*** i és l'estat mental més fosc i allunyat de la veritat, propi de l'home comú que pren per realitat les simples imatges i aparences deformades de les coses; és el saber confús i fosc sobre les imatges. b) **Un nivell superior de l'opinió,** que anomena ***creença (pistis)***, i és un estat mental un poc més clar, el propi de l'expert i del filòsof de la naturalesa, que tenen un saber un poc més profund, però que continua sent mera opinió sobre coses sensibles i canviants; la creença és el saber, un poc menys confús, sobre els éssers naturals i els objectes fabricats.

Per damunt de l'opinió es troba **el coneixement científic** (***episteme),*** que té com a objecte el món intel·ligible. El coneixement científic és, doncs, l'estat mental de l'ànima quan contempla o investiga les realitats immutables i eternes del món intel·ligible. Ara bé, igual que passava abans, com que hi ha dos nivells o classes de realitats intel·ligibles, també hi haurà **dos nivells de coneixement científic**: a) **El primer** és ***el discerniment (dianoia)***, que és un grau de coneixement més clar que l'opinió, però més fosc que el coneixement de les Idees. És el saber sobre els objectes matemàtics, que, encara que intel·ligibles, són ontològicament inferiors a les Idees. b) **El segon** és ***la intel·lecció o coneixement pròpiament dit (noesis)***, que es correspon amb l'estat mental propi del filòsof quan assoleix la contemplació de les Idees, i representa el nivell de saber més clar. El seu objecte són les Idees.

EN RESUM, mitjançant el símil de la línia Plató estableix una clara relació entre Ontologia i Epistemologia. A través d'ell pretén comunicar-nos el següent:

a) L'existència de diferents graus de realitat, segons una escala que va de menor a major grau de realitat: Realitat sensible (Imatges-Éssers naturals i coses artificials) – Realitat intel·ligible (Objectes matemàtics-Idees).

b) L'existència de diferents graus de claredat en el saber, segons una escala que va de menys clar a més clar o vertader: Opinió (Conjectura-Creença) – Coneixement científic (Discerniment-Intel·lecció o coneixement pròpiament dit).

c) L'existència d'una clara correspondència entre nivells de realitat i nivells de claredat en el saber, de manera que com més real és un objecte, més clar i més verdader és el saber que podem obtenir d'ell; i al revés: com menys real és l'objecte, més fosc i confús és el saber que en tenim.

d) En el seu ascens gradual cap a les Idees l'ànima ha de recórrer tots els graus del ser, passant per tots els estats mentals, des del més fosc i confús (conjectura) al més clar (intel·lecció).

D'altra banda, en aquests capítols Plató se centra en l'explicació de les diferències entre el mètode matemàtic i el mètode dialèctic. Encara que tant les matemàtiques com la dialèctica s'ocupen de realitats que són intel·ligibles, el mètode que utilitzen és ben diferent, cosa que fa que el coneixement que proporcionen l'una i l'altra no tinga el mateix valor ni el mateix grau de claredat. Així, el saber que proporcionen les matemàtiques, encara que més clar que la mera opinió, és més fosc i confús que el que proporciona la dialèctica sobre les Idees. Encara que no és fàcil, intenta comprendre per tu mateix on resideixen les deficiències del mètode matemàtic i en què es diferencia del mètode dialèctic. En tot cas, després de llegir aquests capítols, ajuda't de la informació complementària que els segueix.

TEXT: CAPÍTOLS XX-XXI "LLIBRE VI"

XX

Llavors Glaucó exclamà amb molta gràcia: Per Apol·lo! Quina c
superioritat meravellosa!

- S: La culpa és teua —vaig dir—, perquè m'has obligat a exposar el meu parer sobre això.

- G: Doncs no et detingues de cap manera —va dir—. Segueix exposant-nos, si més no, la comparació amb el sol, si és que tens alguna cosa més a dir.

- S: Per descomptat —vaig afirmar—; encara me'n queden moltes.

- G: Doncs no te'n deixes cap —va dir—, ni la més mínima.

- S: Em tem que, inevitablement, me'n deixaré moltes —vaig contestar—, però faré el que puga per no ometre'n cap expressament.

- G: No, no n'omitisques cap —va dir.

- S: Doncs bé —vaig dir—, pensa el que déiem: dues coses que d
governen, l'una el gènere i el món intel·ligible, l'altra el visible —i no dic "el cel" perquè no cregues que faig sofismes jugant amb les paraules.[9] En qualsevol cas, ¿entens del tot que hi ha els dos gèneres, el visible i l'intel·ligible?

- G: Ho entenc.

- S: Si és així imagina't, doncs, una línia dividida en dos segments
desiguals, i torna a dividir cadascun d'aquests segments, el del
gènere visible i el de l'intel·ligible, seguint la mateixa proporció.
Aleshores tindràs diversa foscor o claredat relatives. Així hi haurà, en
el segment del món visible, una primera secció, la de les imatges.
Anomene "imatges" primerament les ombres i, després, els reflexos 510
en l'aigua i en tot el que és compacte, llis i brillant, i altres coses sem- a
blants, si és que m'entens.

- G: Sí que t'entenc.

- S: A la segona secció posa tot allò de què l'anterior és imatge: els animals que viuen al nostre entorn, les plantes i també tot el gènere de les coses fabricades.

- G: Ho pose —digué.

- S: ¿I accediries a admetre —vaig dir jo— que aquest primer segment es divideix, pel que fa a la veritat i a la no veritat, de manera que la relació que hi ha entre la imatge i allò a què s'assembla és la mateixa que la que hi ha entre l'opinable i el cognoscible?

- G: Per descomptat que hi accedisc —va dir. b

- S: Considera ara, doncs, si cal dividir també el segment de l'intel·ligible.

---

[9] Joc de paraules entre *ouranoû*, 'celestial', i *horatoû*, 'visible'.

- G: I com?

- S: De manera que, en la seua primera secció, l'ànima, emprant com a imatges les coses que en l'altre segment eren objecte d'imitació, es veu obligada a investigar, a partir d'hipòtesis,[10] encaminant-se no fins a un principi, sinó cap a una conclusió. D'altra banda, a la segona secció, l'ànima parteix també d'una hipòtesi, però per avançar fins a un principi no hipotètic i, sense recórrer a imatges —a diferència del cas anterior— du a terme la seua investigació amb la sola ajuda de les idees en si i mitjançant idees.

- G: Això que dius no ho acabe d'entendre —va confessar.

c - S: Doncs ho repetiré —vaig contestar— i ho entendràs millor després del que vaig a dir. Supose que saps que els que es dediquen a la geometria, a l'aritmètica i a matèries similars, suposen els nombres parells i imparells, les figures, tres classes d'angles, i altres coses d'aquest tipus segons el que tracten. I adopten aquestes hipòtesis com si les entenguérem, sense creure's en el deure d'explicar-se-les ni d'explicar-les als altres, com si foren
d supòsits evident per a tots, i a partir d'elles avancen a través de successives i conseqüents deduccions fins a allò que es proposaven investigar.

- G: Sí, bé que ho sé.

- S: Per tant saps també que empren figures visibles sobre les quals fan demostracions, malgrat que no pensen en elles pròpiament, sinó en allò a què s'assemblen. Discorren, per exemple, sobre el quadrat en si i la seua diagonal en si, i no sobre el que dibuixen,
e i igualment en els altres casos. Les coses que ells configuren i dibuixen, de les quals hi ha ombres i reflexos a l'aigua, les empren, al seu torn, com a imatges, amb la intenció de contemplar aquelles coses en si que no poden ser vistes d'altra manera que amb el pensament.[11]

- G: Tens raó —digué.

XXI

511 - S: I així deia jo, d'aquesta classe d'objectes, que també és
a intel·ligible, però que en la seua investigació l'ànima es veu forçada a servir-se d'hipòtesis i, com no pot anar més amunt d'aquests supòsits, no remunta fins al principi, sinó que, a tall d'imatge, empra

---

[10] Les "hipòtesis" o supòsits a què es refereix són els axiomes de què parteixen les demostracions dels teoremes matemàtics.

[11] El terme que Plató empra ací és *dianoia*, que podríem traduir més exactament com a "pensament deductiu", propi del procedir matemàtic. En 511d es tradueix com a "**discerniment**".

coses que, imitades al seu torn per les de baix, en comparació a elles són considerades i valorades com a més clares.

- G: Ja ho entenc —va dir—, et refereixes al que es fa en geometria i en les arts que li són afins. b

- S: Doncs bé, adona't ara que situe en l'altra secció de l'intel·ligible allò que la raó abasta per si mateixa, mitjançant el poder dialèctic, considerant els supòsits no com a principis, sinó com a genuïnes hipòtesis, és a dir, esglaons i trampolins que l'eleven fins a allò no hipotètic, fins al principi de tot. I, un cop abastit aquest principi, va fent les deduccions que d'ell se'n deriven, fins a c
descendir a la conclusió, sense emprar en absolut res sensible, sinó únicament les idees en si, passant d'una a l'altra de les idees i acabant en elles.

- G: Ho entenc —va dir—, encara que no del tot, perquè em sembla molt gran el que pretens exposar, ja que intentes determinar que la contemplació del ser i de l'intel·ligible que proporciona la ciència dialèctica és més clara que la que proporcionen les anomenades arts, de les quals les hipòtesis en són principi. Perquè encara que els que les estudien han de contemplar els seus objectes amb el pensament, i no amb els sentits, tanmateix no investiguen remuntant-se cap al principi, sinó partint d'hipòtesis. Per això a tu et d
sembla que no aconsegueixen enteniment d'aquests objectes, que són intel·ligibles, no obstant, quan estan en relació amb un principi. I crec que l'operació dels geòmetres i d'altres com ells l'anomenes discerniment, però no intel·ligència,[12] perquè el discerniment ocupa un lloc intermedi entre l'opinió i la intel·ligència.

- S: Ho has comprés molt bé —vaig dir—. Ara aplica a les quatre seccions les quatre operacions que realitza l'ànima: a la més ele- e
vada, conèixer[13]; discernir a la segona; a la tercera creure, i a l'última conjecturar, i ordena-les considerant que cadascuna d'elles participa tant més de la claredat com més participen de la veritat els objectes a què s'aplica.

- G: Ja ho entenc —digué—. Hi estic d'acord i els ordene tal com dius.

---

[12] El terme que Plató empra ací és *nous,* 'intel·ligència' o 'enteniment'.

[13] El terme que Plató empra ací és *noesis,* que hem traduït com a "conèixer" en el sentit d' **intel·lecció** o intuïció intel·lectual, és a dir, l'operació o activitat que la intel·ligència (*nous*) realitza. Per tant *noesis* és intuïció intel·lectual de les Idees, el coneixement pròpiament dit i en sentit estricte.

INFORMACIÓ COMPLEMENTÀRIA

I. El Símil de la Línia

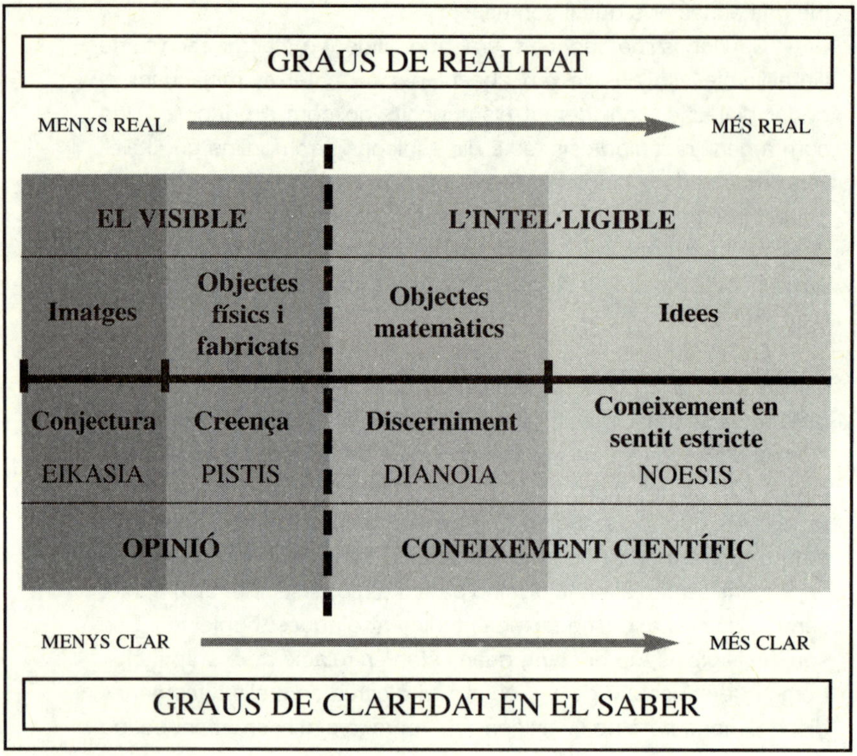

II. Quadre resum sobre els graus de saber

GRAUS DE SABER		
Dos nivells bàsics:	**OPINIÓ (DOXA)**	**CONEIXEMENT CIENTÍFIC (EPISTEME)**
Objecte del saber	**Saber sobre el món visible**	**Saber sobre el món intel·ligible**
Definició	Grau inferior de saber, confús i poc fiable, canviant i relatiu, que versa sobre l'esdevenir (les realitats sensibles)	Grau superior de saber, vertader, clar, objectiu, universal, permanent i absolut, que versa sobre el ser, la realitat estable i eterna (les realitats intel·ligibles)

Tipus	**Conjectura** (EIKASIA)	**Creença** (PISTIS)	**Discerniment** (DIANOIA)	**Coneixement en sentit estricte** (NOESIS)
Objecte del saber	Ombres i reflexos, visions deformades de les coses	Naturalesa i objectes fabricats	Objectes matemàtics (intel·ligibles inferiors)	Idees (intel·ligibles superiors)
Font del saber	SENTITS	SENTITS	LA RAÓ (Ajudada per representacions sensibles)	LA RAÓ (Amb la sola ajuda del poder dialèctic)
El tenen...	La majoria de la humanitat	Filòsofs de la naturalesa, tècnics, experts, etc.	El matemàtic	El filòsof o dialèctic

III. Diferències entre ciència dialèctica i coneixement matemàtic

Plató anomena ciència dialèctica la ciència de les Idees i de les relacions entre les Idees, tant entre si com cadascuna d'elles amb la Idea del Bé. Sovint Plató identifica la dialèctica amb la filosofia. La dialèctica és l'ensenyament principal en la formació dels futurs governants, perquè és la que els conduirà a la contemplació de les Idees i de la Idea del Bé, que prendran com a model per a imposar ordre en la seua pròpia ànima i en la societat.

En el passatge de la línia Plató compara les matemàtiques amb la dialèctica: ambdues versen sobre objectes que són intel·ligibles, encara que segueixen mètodes ben distints. En essència, hi ha dues diferències bàsiques entre el mètode de les matemàtiques i el de la ciència dialèctica:

a) El matemàtic parteix d'hipòtesis o supòsits, però, a diferència del dialèctic, pren aquestes hipòtesis com a **axiomes**, és a dir, com a veritats tan evidents que no necessiten demostració. A partir d'aquestes hipòtesis no demostrades ***descendeix deductivament***, mitjançant cadenes de raonaments, fins als **teoremes** o conclusions.
Vegem amb un exemple la manera de procedir del matemàtic: el matemàtic parteix del supòsit que els nombres poden ser parells o imparells. Considera aquesta hipòtesi com un axioma, és a dir, un coneixement tan evident que no necessita demostració ni fonamentació (encara que de fet no és així, perquè ja en l'època dels grecs es van des-

cobrir també els nombres irracionals, que no són ni parells ni imparells). A partir d'aquest i d'altres supòsits semblants, extrau conclusions sobre els nombres a través de deduccions, conclusions que, lògicament, tindran només una validesa relativa i provisional, perquè parteixen d'hipòtesis no verificades o demostrades.

El mètode dialèctic, en canvi, també parteix d'hipòtesis, però, a diferència del matemàtic, el dialèctic no pren aquestes hipòtesis com a veritats definitives ("principis") que no necessiten demostració, sinó com el que són, és a dir, simples supòsits provisionals, que acompleixen la funció de *trampolins* o *esglaons* (511b) des dels quals l'ànima, en compte de descendir deductivament fins a les conclusions, ***ascendeix dialècticament*** fins al principi, és a dir, fins a la Idea, i després, d'Idea en Idea, fins a la Idea del Bé.

Posem un exemple. Suposem que volem definir l'essència de la Justícia. Es proposa una primera hipòtesi (per exemple, "la justícia és el que convé al més fort"). Aquesta hipòtesi no es pren com una veritat definitiva, sinó que, aplicant el mètode dialèctic, serà sotmesa a crítica rigorosa per mitjà d'arguments i refutacions, fins a mostrar les seues contradiccions i, en aquest cas, rebutjar-la. Sobre les ruïnes d'aquesta primera hipòtesi es proposa una segona hipòtesi, més vertadera i millor (per exemple, "la justícia és el que decideix la majoria"). Novament, aquesta hipòtesi ha de ser provada mitjançant crítiques i arguments. Si no resisteix les crítiques i acaba mostrant-se també com a contradictòria, haurem de rebutjar-la igualment, utilitzant-la com a *esglaó* o *trampolí* per a ascendir fins una tercera hipòtesi millor i més pròxima a la veritat, i així successivament, fins a aconseguir per fi la veritat i arribar a una definició no contradictòria que resistisca tota crítica. És llavors quan haurem assolit l'essència mateixa de la Justícia, la Idea de la Justícia. En aquest camí ascendent hem partit d'hipòtesis que hem posat a prova, intentant refutar-les per mitjà de crítiques i arguments, i hem proposat una hipòtesi nova darrere d'una altra fins a elevar-nos cada vegada més a prop de la veritat. D'aquesta manera ens hem servit de les hipòtesis com a "*esglaons*" per a ascendir fins a la contemplació de la Idea investigada. Després l'ascens dialèctic ha de seguir, d'Idea en Idea, fent ús del poder dialèctic o argumentatiu de la raó, fins a elevar-nos a la contemplació de la suprema Idea del Bé.

b) Però, a més, hi ha una segona diferència entre la manera de procedir de les matemàtiques i la de la ciència dialèctica. A diferència del filòsof, que intenta conéixer les Idees sense recolzar-se en res sensible, fent ús exclusivament de la intel·ligència i del poder argumentatiu de la raó, el matemàtic estudia els objectes matemàtics recolzant-se en imatges sensibles. Dit més clarament, els matemàtics se serveixen de dibuixos i de figures visibles que copien els objectes que investiguen, i això els facilita la comprensió de l'investigat, que és en realitat invisible i intel·ligible. Així, per exemple, el geòmetra estudia els cercles intel·ligibles perfectes i ideals, però s'ajuda de dibuixos o imatges de cercles visibles, aproximatius i imperfectes, que són en realitat una còpia sensible i material dels primers; tanmateix, les seues conclusions no es refereixen a aquests cercles particulars que ha dibuixat, sinó que valen per a tots els cercles intel·ligibles.

Per tant, malgrat que el coneixement que aporten les matemàtiques no pot considerar-se opinió —perquè no versa sobre coses materials i visibles, sinó immaterials, invisibles i intel·ligibles—, és tanmateix un coneixement inferior al de les Idees. Per això Plató reserva per a les matemàtiques el nom de *discerniment* (*dianoia*), un estat mental més clar que la simple opinió (*doxa*), però més fosc que el coneixement de les Idees (*noesis* o intel·lecció), que es recolza exclusivament en la raó.

ACTIVITATS

I. ACTIVITATS DE LECTURA I COMPRENSIÓ

1. HO DIU EL TEXT? Llig atentament els dos capítols d'aquest bloc i contesta verdader o fals: V si estàs d'acord amb la interpretació que es fa del text; i F en cas contrari. Si contestes F, raona la resposta en el teu quadern de classe, recolzant-la en el text.

a) ☐ En 509d, seguint amb l'analogia entre el sol i la Idea del Bé, es diu que el sol governa el món intel·ligible, mentre que la Idea del Bé governa el sensible.

b) ☐ En aqueix mateix paràgraf Plató diferencia dues formes de realitat: la sensible o visible i la intel·ligible (no visible).

c) ☐ En 510a es diu que les dues classes anteriors d'objectes visibles mantenen entre si una relació de còpia. També es diu en aquest paràgraf que els objectes sensibles en conjunt imiten els intel·ligibles.

d) ☐ En 510b, en parlar de la part inferior del segment de l'intel·ligible, s'està referint Plató a una certa classe d'Idees.

e) ☐ En el mateix paràgraf, en parlar de la part superior del segment de l'intel·ligible, es refereix a les Idees en general.

f) ☐ Una diferència entre Idees i objectes matemàtics és que, a l'hora d'estudiar-los, en el cas dels objectes matemàtics partim d'hipòtesis o axiomes, mentre que en el cas de les Idees no usem hipòtesis.

g) ☐ Una altra diferència és que quan n'estudiem uns i altres, en el cas dels objectes matemàtics ens valem de representacions o còpies sensibles per discórrer millor, mentre que en el cas de les Idees no.

h) ☐ En 510d, amb les expressions *allò a què s'assemblen* i *aquelles coses en si que no poden ser vistes d'altra manera que amb pensament*, s'està referint Plató a les Idees.

i) ☐ Del text es desprén que els objectes matemàtics són objectes sensibles, materials i visibles, perquè poden ser dibuixats o modelats (510e).

j) ☐ En 511a, amb l'expressió *coses més clares* Plató es refereix als objectes matemàtics.

k) ☐ En 512b, amb l'expressió *allò que la raó abasta per si mateixa, mitjançant el poder dialèctic* es refereix Plató novament als objectes matemàtics.

l) ☐ Amb l'expressió *les anomenades arts* Plató es refereix en 511c a les matemàtiques.

m) ☐ Al llarg del text queda clar que les matemàtiques es diferencien de la ciència dialèctica, entre altres coses, pel mètode de coneixement que empren.

n) ☐ En realitat, com pareix desprendre's de 511d, les matemàtiques, a diferència de la ciència dialèctica, no poden proporcionar coneixement, sinó únicament opinió.

o) ☐ De 511d es desprén que com més real o verdader és un objecte, més clar és el saber que l'ànima pot obtindre d'ell.

p) ☐ De 511e es desprén també que l'operació de l'ànima que proporciona un saber més fosc i confús és la creença, que versa sobre els objectes menys reals i autèntics.

2. **LOCALITZA, SUBRATLLA I RELACIONA**: Localitza i subratlla en el text les expressions del capítol XX del "Llibre VI" que apareixen a l'esquerra de la taula següent, i relaciona-les amb les que apareixen en la columna de la dreta. (Atenció, en dues ocasions, dues expressions de l'esquerra repeteixen el mateix concepte de la dreta.)

CAPÍTOL XX ("LLIBRE VI")

1- "el gènere intel·ligible" (509d)	a) objectes pertanyents al segment superior del visible
2- "les imatges" (510a)	b) el món intel·ligible
3- "l'opinat" (510a)	c) objectes pertanyents al segment inferior de l' intel·ligible (objectes matemàtics)
4- "el cognoscible" (510a)	d) ombres, reflexos de coses...
5- "les coses que en l'altre segment eren objecte d'imitació" (510b)	e) el món sensible
6- objectes que l'ànima investiga "emprant com a imatges les coses que en l'altre segment eren objecte d'imitació" (510b)	
7- "figures visibles" (510d)	

3. **LOCALITZA, SUBRATLLA I RELACIONA:** Fes el mateix que en l'exercici anterior, però ara amb les expressions que apareixen en el capítol XXI del "Llibre VI". (Atenció: dues expressions de l'esquerra enllacen amb el mateix terme de la dreta.)

CAPÍTOL XXI ("LLIBRE VI")

1- "aquesta classe d'objectes" (511a)	a) les matemàtiques
2- "coses més clares" (511a)	b) saber sobre imatges (ombres i reflexos)
3- "la ciència dialèctica" (511c)	c) saber sobre les Idees i les seues relacions
4- "les anomenades arts" (511c)	d) saber sobre els éssers naturals i fabricats
5- "conèixer" (511e)	e) les imatges dels objectes matemàtics
6- "discernir" (511e)	f) les Idees
7- "creure" (511e)	g) els objectes matemàtics
8- "conjecturar" (511e)	

II. ACTIVITATS DE DEFINICIÓ DE TERMES

TEXT: CAPÍTOL XX

4. Defineix l'expressió *el **gènere visible***, servint-te de la informació que aporta el text, així com dels teus coneixements sobre el pensament de Plató.
5. Fes el mateix amb el terme ***Idees***.
6. Defineix els dos sentits diferents que té en el text el terme ***imatges***. (Observa que s'usa per referir-se a dues classes d'objectes diferents.)

7. A què es refereix l'expressió del text ***allò a què s'assemblen***? Defineix i aclareix el concepte a què es refereix, servint-te tant de la informació que aporta el text com dels teus coneixements sobre la filosofia platònica.

TEXT: CAPÍTOL XXI

8. Defineix el terme ***pensament*** amb el significat que té en aquest capítol.
9. Defineix l'expressió ***ciència dialèctica***, contraposant-la a l'expressió ***les anomenades arts***. (Serveix-te tant de la informació que el text aporta com dels teus coneixements sobre la filosofia de Plató.)
10. Defineix el terme ***hipòtesis*** i els dos usos que es poden fer d'ell, segons el text.

III. ACTIVITATS DE SÍNTESI D'UN TEXT I D'ARGUMENTACIÓ

TEXT: CAPÍTOL XX

11. El capítol XX és un **text principalment expositiu**; si ens demanen un resum de les idees utilitzarem el model de síntesi que hem treballat ja en activitats anteriors. Completa el següent esquema incomplet, on es fa una síntesi de les idees principals del text, així com de les idees secundàries subordinades a cada idea principal.

SÍNTESI INCOMPLETA CAPÍTOL XX

1. El Bé en si governa la regió intel·ligible, el sol la regió visible (509d)
2. **Símil de la línia** (aspecte ontològic): Hi ha dos graus de realitat: la visible i la intel·ligible (509d-510a)
   2.1. El segment inferior correspon a la regió visible, que copia la regió intel·ligible, i se subdivideix en dues seccions (509d-510a):
      2.1.1. ....
      2.1.2. ....
   2.2. ....(510b)
      2.2.1. Secció inferior: Objectes intel·ligibles que l'ànima investiga ajudant-se d'imatges visibles i a partir d'hipòtesis no degudament justificades: els objectes matemàtics
      2.2.2. ....
3. **Aclariment sobre la manera de procedir dels matemàtics** (510ce):
   3.1. Parteixen d'hipòtesis que no justifiquen perquè les prenen per evidents (510cd)
   3.2 ....(510e)

TEXT CAPÍTOL XXI

12. Continua tu **L'ESQUEMA** anterior en el punt 4, sintetitzant les idees del capítol XXI i mostrant l'estructura expositiva o argumentativa del text.
13. **TEXT ARGUMENTATIU**: Considera el text que va des de 510c ("Supose que saps que...") fins a 511d inclusivament (fins a "...l'opinió i la intel·ligència"). Sintetitza les idees principals del text mostrant la seua estructura argumentativa. Com que es tracta d'un text predominantment argumentatiu, el millor que podem fer és un breu resum que arreplegue **EL TEMA, LA TESI** i **ELS ARGUMENTS** en defensa de la tesi, exposant-los amb claredat, concisió i ordre. (Vegeu al final l'apartat "Orientacions per a la Prova d'Accés a la Universitat".)

IV. ACTIVITATS D'ACTUALITZACIÓ I DE RELACIONAR

TEXT D'ACTUALITZACIÓ: "MATEMÀTICS PLATÒNICS AVUI"

¿Fins a quin punt són "reals" els objectes de què s'ocupen les matemàtiques, com ara els nombres abstractes, els triangles perfectes, el punt sense extensió o les línies paral·leles que es tallen en l'infinit, etc.? ¿Són simples conceptes construïts per la ment humana que s'inspiren en certs objectes visibles del món que ens envolta? ¿Es tracta de meres invencions o idealitzacions que només existeixen en la ment de qui les concep? Alguns matemàtics actuals són de l'opinió que els objectes matemàtics són quelcom més que simples invencions d'una ment, i tenen algun tipus d'existència prèvia, immaterial, eterna, atemporal i universal. Aquest punt de vista parteix de Plató i s'ha denominat ***platonisme matemàtic o realisme****. D'acord amb ell les entitats matemàtiques tenen una existència metafísica, existeixen abans que les coses i amb independència d'elles i de la ment humana. Els matemàtics que defensen aquest punt de vista consideren que les matemàtiques no són una qüestió d'invenció, sinó de* ***descobriment****. És a dir, els teoremes i conclusions que estableixen els matemàtics no són per a ells simples proposicions sobre meres construccions mentals que no tenen autèntica realitat, sinó veritats eternes i universals que el matemàtic descobreix sobre objectes abstractes, eterns i immaterials, existents amb independència que algú els concebisca o no (com ara el cercle perfecte, les línies paral·leles, etc.). Així, per exemple, el*

teorema de Pitàgores no és una simple invenció, sinó un descobriment sobre la relació invariable, eterna, objectiva i universal que es dóna entre els catets i la hipotenusa d'un triangle rectangle perfecte, objecte aquest que no és considerat com una mera construcció mental, sinó com un objecte etern existent per si mateix. És clar que no existeix en el terreny del material i visible, sinó en una altra esfera: la de les realitats immaterials, eternes i abstractes, ja que, pensen ells, existeixen realitats així. Un representant actual d'aquest punt de vista és el matemàtic R. PENROSE, autor del best seller científic La nova ment de l'emperador.

A diferència dels matemàtics platònics, altres matemàtics mantenen una opinió completament oposada. Afirmen que l'objecte d'estudi de les matemàtiques són meres "construccions simbòliques" o "ficcions de la ment" que no tenen cap realitat metafísica, fora de la ment de qui les concep o les ha inventades. Aquesta postura s'anomena ***constructivisme****, i ha estat defensada, entre altres, per Bertrand Russell, ben lluny del pensament de Plató.*

14. **ACTUALITZACIÓ: Activitats sobre el text**
    a) Llegiu i comenteu en classe el text anterior. Debateu les preguntes amb què s'inicia.
    b) Resumeix breument en què consisteix la posició que podem denominar "platonisme matemàtic".
    c) Busca informació en Internet sobre "matemàtics platònics" contemporanis o el "platonisme matemàtic". Fes un breu resum per escrit.
15. **RELACIÓ AMB SÒCRATES:** Resumeix la influència de Sòcrates sobre el seu deixeble Plató.

V. ACTIVITATS DE REDACCIÓ FILOSÒFICA

1. La realitat i les seues formes.
2. Conéixer i opinar.
3. Coneixement matemàtic i coneixement dialèctic.
4. Món del ser i món de l'esdevenir.
5. Opinió, pensament i ciència en la filosofia de Plató (Examen PAU, juny 1997).
6. Matemàtiques i veritat (Examen PAU, setembre 1998).
7. Graus de realitat i graus de saber en la filosofia de Plató (Examen PAU, setembre 2005).

BLOC 3

EL MITE DE LA CAVERNA ("LLIBRE VII" CAPS. I-III)

GUIA DE LECTURA

En els capítols I i II del "Llibre VII" de *La República* que ara llegiràs, Plató exposa el conegut mite de la caverna; en el capítol III ens ofereix, a més, les claus interpretatives per a la seua comprensió. Com s'indica al començament del capítol I, l'al·legoria de la caverna pretén posar de manifest l'estat en què es troba "la nostra natura, pel que fa a tenir educació i a no tenir-ne" (514a), és a dir, l'estat en què es troba la humanitat pel que fa al coneixement de la veritat i a la ignorància. Així, els presoners representen la majoria de la humanitat, esclava i presonera de la seua ignorància, aferrada als costums, opinions, prejudicis i falses creences de sempre, i poc disposada a canviar la seua manera de veure les coses. Aquests presoners, igual que la majoria dels humans, creuen que saben i se senten feliços en la seua ignorància, però viuen en l'error, i prenen per real i vertader el que no són més que simples ombres d'objectes fabricats i ecos de veus (515a-c).

Però aquest és només un aspecte del mite. L'al·legoria de la caverna també li serveix a Plató per a exemplificar, per mitjà d'un llenguatge ple de metàfores, la distinció entre món sensible i món intel·ligible (dualisme ontològic), i la distinció entre opinió i coneixement científic (dualisme epistemològic). No obstant això, la funció principal del mite és exposar el procés que ha de seguir l'educació del filòsof governant, tema central del "Llibre VII". Aquest procés està representat pel recorregut del presoner alliberat des de l'interior de la caverna fins al món exterior, i culmina amb la visió del sol (515d - 516c). El mite dóna a entendre que l'educació és un procés llarg i costós, ple d'obstacles i, per tant, no accessible a qualsevol. El presoner alliberat ha d'abandonar a poc a poc les seues velles i falses creences, els prejudicis lligats al costum; ha de trencar amb la seua vida anterior, còmoda i confortable, però basada en l'engany; ha de superar pors i dificultats per arribar a comprendre la nova realitat que té davant dels seus ulls (intel·ligència), més vertadera i autèntica que l'anterior. És per això que el presoner ha de ser al principi "obligat", "forçat", "arrossegat" per una "pujada difícil i costeruda", i acostumar-se molt a poc a poc a la llum de fora, fins a aconseguir el coneixement de l'autènticament real, de l'etern, immaterial i immutable, és a dir, de les Idees o essències que constitueixen l'estructura profunda del món. Però no acaba ací la tasca del filòsof: una vegada format en el coneixement de la veritat, deurà "descendir novament a la caverna" i, encara que al principi mostre torpor i necessite novament un període d'adaptació (516e), haurà d'ocupar-se dels assumptes humans, els propis del món sensible material i canviant, assumptes com ara la política, l'organització de l'Estat, els tribunals de justícia o el govern de la ciutat.

És molt important que relaciones aquest mite amb els teus coneixements generals sobre la filosofia de Plató, en especial amb la teoria de les idees, amb la distinció entre món intel·ligible i món sensible, i amb la distinció entre coneixement i opinió. Has de posar especial atenció a interpretar les abundants metàfores del mite (la "visió", "els lligams", les "coses de l'interior", "les coses de dalt", "el sol", etc.) traduint-les als conceptes de la filosofia platònica. És important també que relaciones les etapes del recorregut del presoner alliberat amb l'ascens pels graus de saber representats en el símil de la línia que acabes d'estudiar en el bloc anterior.

TEXT: CAPÍTOLS I-III "LLIBRE VII"

I 514a

- S: Tot seguit —vaig dir— compara la nostra natura, pel que
fa a tenir educació i a no tenir-ne, amb l'escena següent. Imagina't
uns homes dins d'un habitacle subterrani en forma de caverna,
amb una entrada que al llarg de la cova s'enfila cap a la llum, i que
aquests homes hi són des de petits, encadenats per les cames i
pel coll, de manera que han de romandre allí mirant només al b
davant, perquè no poden girar el cap, lligats com estan. Tenen
darrere d'ells la llum d'un foc que crema, a certa distància i més
alt, i entre el foc i els presoners s'alça un camí vorejat d'una paret,
semblant als paravents que els titellaires posen davant del públic
i per damunt dels quals exhibeixen les seues meravelles.

- G: M'ho estic imaginant —digué.

- S: Doncs afigura't ara uns homes que, per darrere de la paret,
transporten tota classe d'objectes que en sobreïxen, i estàtues 515a
humanes i d'animals, fetes de pedra i de fusta i d'altres menes.
Mentre ho van portant n'hi ha, com és natural, uns que parlen i
altres que callen.

- G: Quina escena —va dir— i quins presoners tan estranys que em descrius!

- S: Iguals que nosaltres[14] – vaig dir –, perquè ¿creus que els que estan en aquesta situació han vist mai, d'ells mateixos o dels seus companys, res que no siguen les ombres que el foc projecta a la part de la cova que tenen al davant?

- G: Com haurien d'haver vist res més —digué—, forçats com b
estan a no moure el cap de per vida?

- S: I què dels objectes transportats? No hauran vist el mateix?

- G: Sí. Què si no?

- S: I si pogueren dialogar entre ells, ¿no penses que quan anomenaren allò que veien creurien estar anomenant les coses reals en si mateixes?

- G: Indubtablement.

- S: I si el fons de la presó també tinguera eco? Cada vegada que algun dels que passen parlara, ¿creus que ells considerarien que ha parlat ningú que no fóra l'ombra que els passa pel davant?

---

[14] Adoneu-vos de la comparació: els presoners representen a la majoria de la humanitat, sumida en la ignorància, aferrada als costums i prejudicis de sempre.

- G: No, per Zeus! —digué.

- S: Vet aquí, doncs —vaig dir—, que aquesta gent es creuria que el ver[15] no és altra cosa que les ombres d'aquells objectes d'artifici.[16]

c - G: Per força, i tant! —digué.

- S: Considera ara —vaig dir—, si per natura es trobaren en una situació com aquesta, què els passaria si foren alliberats de lligams i curats d'ignorància. Quan un d'ells fóra alliberat i forçat a alçar-se de sobte i a girar el coll, i a caminar i mirar cap a la llum, i en fer tot això sentira dolor i fóra incapaç de veure, a causa de l'enlluernament, aquells objectes l'ombra dels quals prou que
d veia abans, ¿què penses que diria quan algú li explicara que el que veia abans era il·lusori i que ara, en canvi, més a prop de la realitat i girat cap al que és més real,[17] hi veia més correctament? I si li anara mostrant els objectes que passen i l'obligaren fent-li preguntes a respondre què és cada un d'ells, ¿no creus que es quedaria perplex i que el que veia abans li semblaria més vertader que el que ara li mostren?

- G: I tant que sí – digué.

II

- S: I si l'obligaren a mirar la llum mateixa, ¿no creus que li
e farien mal els ulls, i que es giraria i fugiria envers allò que pot veure, que consideraria més clar que allò que li mostren?

- G: Així és —digué.

- S: I si algú se l'enduguera d'allí a la força —vaig dir—, obligant-lo a recórrer la pujada difícil i costeruda, i no l'amollara abans d'haver-lo forçat a seguir-lo fins a la llum del sol, ¿no creus que sofriria i l'indignaria que l'arrossegaren i que, en arribar a la
516a llum, amb els ulls amarats de claror, seria incapaç de veure cap ni una de les coses que ara anomenem vertaderes?

- G: No, no podria —va dir—, almenys de seguida.

[15] Encara que "ver" o "vertader" té preferentment un sentit epistemològic com a propietat de l'enunciat o del coneixement, Plató utilitza sovint aquests termes en un sentit ontològic, per a designar l'autèntica realitat.

[16] La ignorància no consisteix a no saber, sinó a prendre per real el que només és aparença, una còpia d'allò real; la ignorància consisteix a creure que se sap quan en veritat no se sap.

[17] Com més real i autèntica és una cosa, més clar i vertader és el coneixement (més correcta "la visió") que en podem tenir. És a dir, la veritat en sentit ontològic està correlacionada amb la veritat en sentit epistemològic. Recordeu-vos del símil de la línia.

- S: Necessitaria acostumar-s'hi, crec jo, per a arribar a veure les coses de dalt. I el que veuria més fàcilment seria, primer de tot, les ombres; a continuació les figures humanes i d'altres coses reflectides en l'aigüa,[18] i per fi les coses en si mateixes. I després d'això li resultaria més fàcil contemplar de nit les coses b
del cel i el cel mateix, fixant la mirada en la llum dels astres i de la lluna, que veure de dia el sol i la seua llum.
- G: Efectivament.
- S: I finalment seria el sol, crec jo, i no ja el seu reflex en les aigües o en altre lloc alié a ell, sinó el sol en si mateix i en l'àmbit que li és propi, el que podria mirar de ple i seria capaç de contemplar.
- G: Necessàriament —digué.
- S: I després ja raonaria que el sol és el que produeix les c
estacions i els anys, i el que ho governa tot en la regió visible, i és, d'alguna manera, la causa de tot el que veien.
- G: És evident —va dir— que després de tot allò arribaria a aquesta conclusió.
- S: I què? Quan es recordara de la seua anterior vivenda, de la saviesa d'allí i dels seus antics companys de presó, ¿no creus que es consideraria feliç pel canvi i que a ells els compadiria?
- G: Ben cert que sí.
- S: I si entre ells hi haguera alguns honors i elogis mutus, i premis per al qui discernira amb major precisió les ombres que d
passaven, i se'n recordara millor de quines solien fer-ho abans o després o simultàniament, i fóra més capaç de predir, basant-se en això, el que s'esdevindria a continuació, ¿creus que ell sentiria nostàlgia d'aquestes coses i envejaria els qui gaudien d'aquells honors i poders, o bé li passaria el que diu Homer, que preferiria de bon tros "treballar la terra i servir un home sense propietats" i patir el que fóra abans que tornar a aquelles opinions i viure d'aquella manera?
- G: Sí —va dir—, això és el que jo crec, que acceptaria sofrir- e
ho tot abans de tornar a viure d'aquella manera.
- S: Doncs ara considera el següent —vaig afegir—: si aquest que diem retornara allí baix i s'asseguera al mateix lloc, ¿no se li omplirien els ulls de tenebres en haver-los apartat sobtadament del sol?

[18] Les ombres i reflexos en l'aigua dels objectes vertaders representen metafòricament els objectes matemàtics, que copien les Idees ("les coses que ara anomenem vertaderes").

- G: Certament —va dir.

- S: I si hagués de competir de nou amb aquells presoners perpetus, havent d'opinar sobre aquelles ombres que, per tenir
517a encara els ulls ofuscats, veuria amb dificultat —i no és breu el temps que li caldria per a acostumar-s'hi—, ¿no faria riure els altres, que dirien d'ell que, per haver pujat al món de dalt, n'ha tornat amb els ulls fets malbé, i que anar dalt no val la pena, ni tan sols intentar-ho? I a qui intentara alliberar-los i fer-los pujar, si trobaren la manera de posar-li les mans al damunt i matar-lo, no el matarien?[19]

- G: És clar que sí —digué.

III

b - S: Doncs bé —vaig dir—, cal aplicar aquesta escena, tota sencera, oh amic Glaucó!, al que havíem dit abans. Cal comparar aquest àmbit que apareix a la vista amb l'habitacle de la presó, i la llum del foc d'allí amb el poder del sol. I si la pujada al món de dalt i la contemplació de les coses d'allí dalt la compares amb l'ascensió de l'ànima cap a la regió intel·ligible, no erraràs, almenys segons com jo ho considere, ja que vols escoltar-ho, tot i que només un déu sabria si és cert el que crec. Però a mi el que em sembla és el següent: en el món intel·ligible l'última
c idea que es veu, i amb gran esforç, és la idea del bé, però després d'haver-la vista es conclou que ella és la causa de tot el recte i el bell; que mentre en el món visible ha engendrat la llum i l'amo de la llum, en el món intel·ligible ella és la sobirana que produeix la veritat i el coneixement, i qui vullga procedir amb saviesa, tant en la vida privada com en la pública, cal absolutament que contemple aquesta idea.

- G: També jo hi estic d'acord —va dir—, almenys tant com m'és possible.

- S: Doncs bé —vaig dir— dóna'm també la raó en el següent: no és gens d'estranyar que els qui han arribat a aquest cim no
d vullguen ocupar-se d'assumptes humans, sinó que les seues ànimes tendisquen a romandre sempre allí dalt. És natural, crec jo, que siga així, segons l'escena que hem descrit.

[19] El riure dels presoners representa metafòricament el riure del l'ignorant, que desprecia i es burla de qui ha assolit una veritat superior. D'altra banda, en la violència dels presoners veiem una clara al·lusió a la condemna i mort de Sòcrates. Es tracta de la intolerància que prové de la ignorància i de la por a allò a què un no està acostumat.

- G: És natural, en efecte —va dir.

- S: I què? ¿Et sorprén —vaig dir— que un que davalla de la contemplació de les coses divines cap a les misèries humanes manifeste torpor i es mostre completament ridícul, quan encara no hi veu bé i abans d'haver-se adaptat prou a les tenebres que l'envolten, si es veu obligat a debatre, en els tribunals o on siga, sobre les ombres del just o sobre les figures de les quals són ombres, i a discutir sobre aquest tema situant-se en la concep- e
ció que en tenen els qui no han contemplat mai la justícia en si?[20]

- G: No és gens estrany —digué.

- S: Perquè qualsevol persona raonable tindrà present —vaig 518a
dir— que les pertorbacions dels ulls són de dos tipus i provenen de dues causes: del pas de la llum a les tenebres i del pas de les tenebres a la llum. I quan s'adone que el mateix li ocorre a l'ànima, quan en veja alguna d'ofuscada i d'incapaç de discernir els objectes, no se'n riurà nèciament, sinó que indagarà si està encegada per la manca de costum, perquè arriba d'una vida de més clara visió, o bé si, per passar de la ignorància a una major claredat, està enlluernada per l'excés d'aquesta. I així tindrà per b
feliç la primera,[21] pel que ha viscut, mentre que compadirà l'altra; o bé, si vol burlar-se d'ella, el seu riure serà menys ridícul que si es burlara de l'ànima que descendeix de la llum.

- G: És molt raonable el que dius —assentí.

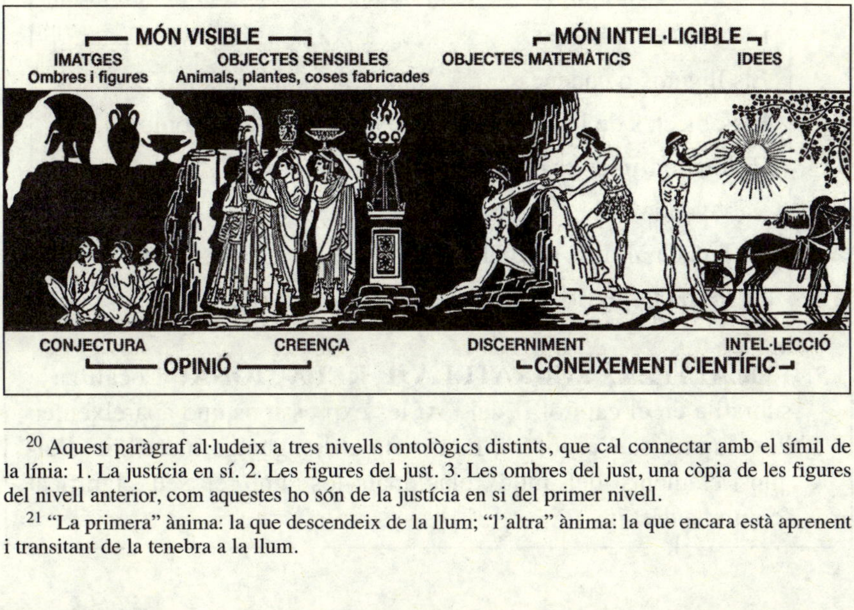

[20] Aquest paràgraf al·ludeix a tres nivells ontològics distints, que cal connectar amb el símil de la línia: 1. La justícia en sí. 2. Les figures del just. 3. Les ombres del just, una còpia de les figures del nivell anterior, com aquestes ho són de la justícia en si del primer nivell.

[21] "La primera" ànima: la que descendeix de la llum; "l'altra" ànima: la que encara està aprenent i transitant de la tenebra a la llum.

ACTIVITATS

I. ACTIVITATS DE LECTURA I COMPRENSIÓ

1. Localitza i subratlla en el text les següents expressions que apareixen en 515-d i, considerant el context, contesta a què es refereix Plató amb elles:
   — "Aquells objectes l'ombra dels quals prou que veia abans"
   — "El que veia abans"
   — "El que ara li mostren"
2. ¿Per quina raó el presoner es resisteix al principi a acceptar que els objectes que causen les ombres són més reals o vertaders que les ombres? Quin significat metafòric té això? Posa exemples de la vida real en què ocórrega alguna cosa semblant.
3. La mateixa relació que es dóna en el mite entre les coses de l'exterior i les coses de l'interior (ombres i estàtues), es dóna entre el món intel·ligible i el món sensible. ¿Amb quina paraula o paraules pot definir-se aquesta relació?
4. Llig atentament els tres capítols que componen aquest bloc i anota en el quadre següent el significat que Plató atribueix a aquestes metàfores:

METÀFORES DEL MITE	SIGNIFICAT
Els presoners	....
El presoner alliberat	....
Els lligams o cadenes	....
Els objectes de l'interior de la caverna i les seues ombres	....
El foc de l'interior de la caverna	....
La vivenda - presó	....
La pujada al món de dalt	....
El sol de l'exterior.	....

5. **LOCALITZA, SUBRATLLA I RELACIONA**. Localitza i subratlla en el capítol II del text les expressions que apareixen en la columna de l'esquerra. Interpreta el llenguatge metafòric d'alguns elements del mite relacionant-los amb el seu significat (columna dreta).

EXPRESSIONS DEL TEXT	SIGNIFICAT
1- “la pujada difícil i costeruda” (515e)	a) La Idea suprema de Bé, el Bé en si
2- “les coses en si mateixes” (516a)	b) L'opinió, un saber sobre meres ombres de la realitat
3- “les ombres, les figures humanes i d'altres coses reflectides en l'aigüa” (516a)	c) Filòsofs de la naturalesa i sofistes (els “savis” del món sensible)
4- “el sol” (516b)	d) El costós i difícil trànsit de l'opinió al coneixement
5- “la saviesa d'allí” (516c)	e) Els objectes matemàtics
6- Aquells presoners que gaudeixen d'honors per ser més experts en discernir i predir les ombres de la caverna (516d)	f) El cultiu de les matemàtiques, com a preparació necessària per a la dialèctica
7- La necessitat “d'acostumar-s'hi (a la llum) per arribar a veure les coses de dalt” (516a)	g) Les Idees, les essències
8- “veure les coses de dalt” (516a)	h) El coneixement científic

6. Analitza la metàfora del sol:
   a) Arreplega per escrit totes les afirmacions que es fan en els capítols II i III entorn del sol i de la Idea del Bé.
   b) Indica quines d'aquestes frases al·ludeixen respectivament a la funció ontològica, epistemològica i ètico-política de la Idea del Bé (repassa els capítols XVIII-XIX del “Llibre VI”).
   c) Explica a continuació, des de distints punts de vista, l'analogia entre el sol i el Bé en si, tal com s'exposa al final del mite de la caverna.

II. ACTIVITATS DE DEFINICIÓ DE TERMES

7. Llig el mite de la caverna des del principi fins a 516c i explica a quin concepte filosòfic es refereix Plató amb la metàfora **“veure les coses de dalt”**. Defineix-lo a continuació, servint-te dels teus coneixements sobre la filosofia platònica i completant la definició amb la informació metafòrica que el text aporta sobre aquest concepte.
8. Llig atentament el paràgraf que va de 516a (“Necessitaria acostumar-s'hi...”) fins 517a (“Ben cert que sí —va dir.”). Explica amb detall què significa en el text l'expressió **“saviesa d'allí”**. Què representa metafòricament aquesta expressió? Finalment, defineix amb precisió el concepte de la filosofia platònica amb què es relaciona.

9. Capítol III: Analitza i aclareix l'expressió ***misèries humanes***, explicant el seu significat en contraposició a ***la contemplació de les coses divines***.

10. Capítol III: Analitza i explica l'expressió ***la justícia en si***, en contraposició a l'expressió ***les ombres del just*** o... ***les figures de les quals són ombres***.

III. ACTIVITATS DE SÍNTESI D'UN TEXT I D'ARGUMENTACIÓ

11. a) Quin és el tema *principal* sobre el qual parla Plató de forma metafòrica en aquests capítols? b) Relaciona cada capítol amb la temàtica particular que hi aborda cadascun.

CAPÍTOLS	TEMA CENTRAL
1. Capítol I	A. Claus interpretatives del mite
2. Capítol II	B. Descripció de la caverna
3. Capítol III	C. Ascensió al món de dalt

12. Sintetitza almenys tres idees que Plató ens està transmetent de manera metafòrica sobre l'educació mitjançant l'al·legoria de la caverna.

13. **SÍNTESI DEL TEXT**: Torna a llegir els capítols I i II. Es tracta d'un text expositiu, encara que amb algun paràgraf argumentatiu. Fes una síntesi d'ambdós capítols en forma d'esquema. Segueix la següent pauta de treball:

    a) Numera i ordena correctament els següents **nuclis temàtics** que van tractant-se en el text:

    – *Les emocions del presoner alliberat*
    – *La tornada a la caverna i al món de baix*
    – *Sòcrates anuncia que parlarà de l'educació o de la falta d'aquesta i proposa una comparació amb uns presoners en una caverna*
    – *L'alliberament d'un presoner*
    – *L'estat mental o de coneixement dels presoners*
    – *Descripció de la caverna i els presoners*

    b) Divideix el text en paràgrafs i assigna un nucli temàtic a cada paràgraf (pots fer-ho per mitjà d'anotacions al marge).

c) Indaga en cada paràgraf per a extraure d'ell —si les hi ha— idees secundàries que desenvolupen o completen el nucli temàtic corresponent. Escriu i numera aquestes idees davall del nucli temàtic corresponent.

14. Identifica els nuclis temàtics que s'aborden en el capítol III i fes una síntesi de les idees que conté seguint el mateix procediment que en l'activitat anterior.

15. Llig atentament el paràgraf 518a-b i respon: ¿Com arriba Plató a l'afirmació que "el seu riure serà menys ridícul que si es burlara de l'ànima que descendeix de la llum"? (518 b) ORIENTACIONS: has de començar aclarint el punt de partida de l'argumentació de Plató, fins a arribar, per passos, a aquesta conclusió, intentant aclarir-la al màxim. Millor si numeres els passos de l'argumentació.

IV. ACTIVITATS D'ACTUALITZACIÓ I DE RELACIONAR

TEXT D'ACTUALITZACIÓ

No és només l'eco de la mort de Sòcrates el que ressona en aquest text oblidat. Ací es tanca el cicle del coneixement. Un final melancòlic per a l'ideal de progrés. La rialla dels encadenats és la primera defensa que aquesta història fa dels foscos privilegis de l'estupidesa (...) Com no poden seguir escoltant-lo més, perquè s'esquerden les normes del joc, i perquè, d'alguna manera, haurien de fer-se càrrec del nou llenguatge, acaben per matar-lo. "La còlera dels imbècils ompli el món" hauria de dir, segles després, un altre platònic. La violència i la mort han estat els dos únics recursos dels que estan sense recursos. Amb elles, emmudeix la veu i pareix extingir-se la claredat. Però només momentàniament. La vida humana és vida perquè sempre hi ha un presoner alliberat, i un sol esperant. **LLEDÓ, E., *La memòria del Logos*, p.30, Taurus, Madrid, 1989**.

16. **ACTUALITZACIÓ**: Activitats sobre el text:
    a) Sintetitza la interpretació que el filòsof Emilio Lledó fa de la violència dels presoners.
    b) Il·lustra aquesta interpretació amb, almenys, tres fenòmens o esdeveniments històrics i del present, en què la ignorància estiga a l'arrel de fanatismes de qualsevol tipus que alimenten intolerància i violència.

17. **PLATÓ I HERÀCLIT. PLATÓ I PARMÈNIDES.** Explica la relació existent entre la filosofia de Plató i els següents filòsofs presocràtics: a) Heràclit b) Parmènides.
18. **PLATÓ I ELS PITAGÒRICS**: Resumeix breument els aspectes en què els pitagòrics influïren en la filosofia de Plató.

V. ACTIVITATS DE REDACCIÓ FILOSÒFICA

1. Educació i coneixement de la veritat en el pensament de Plató (Examen PAU, juny 2000).
2. Ciència, opinió i consens entre els humans (Examen PAU, juny 2001).
3. Educació i tipus de coneixement (Examen PAU, setembre 2002).
4. L'ascensió al saber de l'intel·ligible com a camí d'alliberament (Examen PAU, setembre 2006).
5. El mite de la caverna i la teoria de les idees (Examen PAU, juny 2007).

BLOC 4

EDUCACIÓ I POLÍTICA. "LLIBRE VII" CAPÍTOLS IV-V

GUIA DE LECTURA

En els dos capítols que llegiràs a continuació, Plató segueix ocupant-se del tema de l'educació dels futurs governants de la polis ideal, i comença aclarint què s'entén per educar. Per a això, explotarà l'al·legoria de la caverna, exposada als capítols anteriors.

En què consisteix educar? Aquest és el tema del CAPÍTOL IV. Com veuràs, el capítol comença amb una crítica a la manera com els sofistes ("alguns") entenen l'educació (518cd). Per a ells, educar consisteix en "inculcar saber en l'ànima que no en té". D'acord amb això, l'educació seria una mera transmissió de coneixements per part de qui sap (l'educador) a qui no sap (el que s'educa), com si es tractara d'imprimir coneixements en l'ànima de qui s'educa, que seria com una pàgina en blanc.

Plató no comparteix en absolut aquesta concepció, i empra la metàfora de l'ull i de la vista per criticar-ho. Segons ell, els sofistes obliden que en l'ànima de cada persona ja hi ha una facultat innata de coneixement que, convenientment estimulada i orientada per l'educador, pot aconseguir per si mateixa la veritat; basta dirigir aquesta facultat en la direcció adequada: cap a les Idees (518c). A partir d'aquesta crítica, Plató exposarà la seua peculiar forma d'entendre l'educació: és l'art de guiar i orientar l'ànima de qui s'educa cap a la veritat i el bé, cosa que implica ajudar-la a apartar-se d'allò sensible i material, on mai no trobarà la veritat i el bé, i fer que es dirigisca cap al coneixement de les Idees. Si lliges amb atenció aquest capítol t'adonaràs que hi ressonen les influències socràtiques, en especial la *maiéutica socràtica* i l'*intel·lectualisme moral*. Així mateix, en el transfons del concepte platònic d'educació està també la *teoria de la reminiscència*. Convé que repasses i refresques aquestes teories, i les tingues molt presents en la teua lectura.

En el CAPÍTOL V Plató exposa la necessitat que aquells que han estat educats en la filosofia es facen càrrec de la direcció de l'Estat i assumisquen la funció de governants. Almenys així hauria de ser a la ciutat ideal, on els filòsofs han estat educats per l'Estat i, per tant, estan en deute amb la comunitat (520b). Per què els filòsofs han de governar? Aquesta és la qüestió central que Plató hi abordarà i que intentarà respondre mitjançant arguments i raons. Aquest capítol té com a rerefons la proposta política del filòsof governant, estretament relacionada amb l'intel·lectualisme moral i amb la teoria platònica de les idees. El capítol comença amb una interessant reflexió sobre la llei i la justícia (o "harmonia") de l'Estat, que reflecteix perfectament una concepció organicista i estatalista. Repassa aquests conceptes, així com la concepció platònica de la justícia i de l'Estat ideal.

TEXT: CAPÍTOLS IV-V "LLIBRE VII"

IV

- S: Cal doncs —vaig dir—, en el cas que el que hem exposat siga vertader, que considerem el següent: l'educació no és el que alguns diuen que és en les seues proclames, quan diuen que ells inculquen saber en l'ànima que no en té, com si infongueren visió en uns ulls cecs.[22] c

- G: En efecte, això és el que diuen —convingué.

- S: Però el que ara hem raonat indica —vaig dir— que aquest poder[23] d'aprendre inherent a l'ànima de cadascú, i l'òrgan amb què tothom aprén, han de girar-se, apartant-se del que s'esdevé, amb tota l'ànima[24] —de la mateixa manera que l'ull és incapaç de girar-se cap a la llum, abandonant les tenebres, si no és amb tot el cos— fins que es trobe en condicions d'afrontar la contemplació d'allò que és i del més clar d'allò que és, que diem que és el bé. O no? d

- G: Sí.

- S: Per tant —vaig dir—, l'educació seria un art d'això, de dirigir l'òrgan, de trobar la manera més fàcil i eficaç de fer que es gire, no l'art d'infondre-li visió sinó de reorientar-lo, perquè de vista ja en té, però no s'adreça cap a on cal ni mira on hauria de mirar.

- G: És el que sembla —digué.

- S: Les altres virtuts de l'ànima, que és com acostumem a anomenar-les, probablement s'assemblen bastant a les del cos —perquè, si inicialment no es tenen, s'infonen a la fi pel costum i la pràctica—, però la virtut del coneixement,[25] en canvi, sembla afí a quel- e
com més diví, perquè no perd mai el seu poder, i es converteix, segons cap a on estiga orientada, en útil i profitosa o, pel contrari, en inútil i nociva. ¿O és que no t'has adonat amb quina agudesa percep 519a
l'animeta d'aquells que són malvats però intel·ligents, i amb quina penetració discerneix allò a què s'adreça, perquè no té mala vista,

---

22 Plató està criticant el concepte que els sofistes tenen de l'educació, jugant de nou amb les metàfores de la caverna: la visió i els ulls.

23 Es refereix al poder o facultat de conéixer i d'aprendre, que resideix en la part racional de l'ànima. Plató hi defensa el caràcter innat d'aquesta facultat. Cal no confondre, en aquest cas, l'innatisme de les facultats amb l'existència de coneixements o nocions innates (teoria de la reminiscència).

24 L'educació implica l'ànima tota completa, amb les seues tres parts: racional, irascible i apetitiva. Per tant, no consisteix només a adquirir coneixements, sinó també a realitzar una profunda transformació moral de l'individu.

25 La virtut del coneixement: la capacitat o poder de conéixer. Altres virtuts de l'ànima són la valentia, la moderació, la justícia. Virtuts del cos són la salut, la força física, la bella proporció.

però està obligada[26] a servir a la maldat, de manera que, com més aguda siga la seua mirada, més grans seran els mals que puga cometre?

- G: I tant, que me n'he adonat —digué.

- S: Doncs bé —vaig dir—, si l'ànima d'aquesta naturalesa hagués estat sotmesa, ja des de la infantesa, a una poda i expurgació de les excrescències com de plom[27] emparentades amb la
b generació —i que, adherides a ella per la gula i altres plaers i apetències semblants, fan que la visió de l'ànima es gire cap a baix—, si lliure d'elles es girés cap a allò vertader, també l'ànima d'aquells mateixos homes ho veuria amb tanta penetració com ara veu allò a què s'adreça.

- G: És natural —digué.

- S: Aleshores —vaig dir—, ¿no és també natural, i es dedueix forçosament del que hem dit, que ni els ineducats i inexperts en la veritat podran governar la ciutat com cal, ni tampoc aquells als
c quals es permeta educar-se indefinidament? Els uns, perquè no tenen en la vida cap objectiu de cara al qual orientar tot el que fan, tant en la seua vida privada com en la pública, i els altres perquè, sentint-se transportats en vida a les illes dels feliços,[28] difícilment s'ocuparan de grat de les qüestions pràctiques.

- G: És veritat —digué.

- S: Per tant —vaig dir—, és el nostre deure de fundadors forçar
d les millors naturaleses a arribar al coneixement que dèiem abans,[29] que era el més excels, la contemplació del bé, i efectuar aquella ascensió i, després d'haver-hi pujat i vist suficientment, no permetre'ls el que ara se'ls permet.

- G: A què et refereixes?

- S: Que s'hi queden —vaig dir— i no vullguen tornar a baixar amb aquells presoners, ni participar dels seus treballs, com tampoc dels seus honors, tant si tenen algun valor com si no.

- G: Però aleshores —va dir—, ¿serem injustos amb ells i els forçarem a una vida pitjor, quan podrien viure millor?

[26] Hi ressona l'intel·lectualisme moral socràtic: tothom busca el seu propi bé i està obligat a servir el bé, però qui pren allò dolent per bo està obligat a servir la maldat.

[27] Els plaers i apetits materials poden corrompre a l'ànima de bona naturalesa i fer que es convertisca en impura ("excrescències com de plom"), arrossegant-la cap a les coses materials i sensibles i impedint que s'eleve cap al coneixement. Plató se serveix de metàfores ("poda i exporgació d'excrescències com de plom") per explicar com ha d'actuar l'educació en aquests casos.

[28] El paradís dels grecs. És una metàfora de la felicitat associada a la vida dedicada al coneixement i a la investigació de la veritat.

[29] Abans: en 505d, capítol XVI, "Llibre VI".

V

- S: Tornes a oblidar, amic —vaig dir—, que l'objectiu de la llei e
no és que hi haja a la ciutat una classe que gaudisca de la major feli-
citat, sinó aconseguir que aquesta siga la condició general de tota
la ciutat, ajuntant amb harmonia els ciutadans, per la persuasió i 520a
també per la força, fent que tothom faça partícips els altres dels ser-
veis que pot aportar a la comunitat, i que si la llei educa homes així
no és per deixar que cadascú gire cap a on vullga, sinó per servir-
se d'ells amb l'objectiu de reforçar els vincles de la ciutadania.[30]

- G: Tens raó —digué—, me n'havia oblidat.

- S: Doncs adona't, Glaucó —vaig dir—, que no serem injustos
amb els filòsofs que es formen entre nosaltres, sinó que és just el
que els direm, quan els obliguem a vetllar pels altres i a protegir-los. b
Perquè els direm que els que esdevenen filòsofs a les altres ciutats
és natural que no participen dels treballs de la comunitat, perquè
s'han educat per ells mateixos i no per voluntat dels seus governs,
i és just que, qui es forma per si mateix i no deu a ningú la seua
criança, tampoc no es preocupe de retribuir-la a ningú. Però a vosal-
tres, els direm, us hem engendrat nosaltres, per a vosaltres matei-
xos i per a la resta de la ciutat, com els caps i els reis d'un rusc d'a- c
belles, millor i més completament educats que els altres, i més
capaços de participar en els dos àmbits.[31] Cal, per tant, que baixeu,
cadascun quan li toque, a la vivenda dels altres, i que us acostumeu
a veure en la foscor.[32] Una vegada avesats hi veureu moltíssim
millor que els d'allí i sabreu, cada imatge, què és i de què,[33], perquè
haureu contemplat el ver en allò que respecta al bell, al just i al bo.
I així la nostra i vostra ciutat viurà a la llum del dia i no entre somnis,
que és com ara viuen la majoria de ciutats, a causa d'aquells que es
disputen vanes ombres i es barallen pel poder, com si fóra un gran
bé. Però la veritat és aquesta: la ciutat on menys delerosos de d
governar estiguen els qui ho han de fer serà, sens dubte, on es visca
millor i amb menys revoltes, ben al contrari de la que tinga uns
governants que ho desitgen.

---

[30] Aquest paràgraf reflecteix perfectament la concepció organicista i estatalista que Plató té de l'Estat. Vegeu el referent a "La Política" en l'apartat "La filosofia general de Plató". La referència a l'"harmonia" i la "llei" ha de posar-se en connexió amb **la justícia**.

[31] En l'àmbit teòric o intel·lectual, referit al món intel·ligible, i en l'àmbit ètico-polític, referit al món sensible.

[32] Es tracta d'aplicar el coneixement sobre les Idees eternes als assumptes mundans, com ara el govern i direcció de la ciutat.

[33] És a dir, coneixeran les coses del món sensible (la imatge o còpia) i les Idees (el model que copien i del qual són imatges). En opinar sobre els assumptes humans, els governants-filòsofs tindran **opinió amb coneixement.** Vegeu 506c, on es parla de l'opinió sense coneixement.

- G: En efecte —digué.

- S: ¿Creus, doncs, que els que hem format, en escoltar aquestes raons, ens desobeiran i es negaran a contribuir, cadascú quan li toque, a l'esforç comú, tot i que es passaran la major part del seu temps entre ells, vivint en l'àmbit de la pura idea?

e - G: Impossible —va dir—, perquè ordenarem coses justes a homes justos. Però, indubtablement, cadascun d'ells es farà càrrec del govern només per forçosa obligació, ben al contrari dels qui ara governen a totes les ciutats.

- S: Així és, company —vaig dir jo—. Si trobes la manera de proporcionar, als qui han de manar, una vida millor que el govern,[34] és
521a possible que arribes a tenir una ciutat ben administrada, perquè serà l'única on governaran els rics de debò, no d'or sinó de la riquesa que cal per ser feliç: una vida bona i assenyada. Si, en canvi, són pobres i indigents de béns personals els qui van als càrrecs públics, pensant que podran aprofitar-se'n traient botí, aleshores no hi haurà manera, perquè el poder esdevindrà objecte de lluites i aquesta guerra, interna i civil, els destruirà a ells i a tota la resta de la ciutat.[35]

- G: Quina gran veritat! —digué.

b - S: ¿Coneixes, doncs —vaig dir—, alguna altra classe de vida que menyspree els càrrecs polítics que no siga la del veritable filòsof?

- G: No, per Zeus! —va dir.

- S: Però qui vaja al govern no ho ha de fer com a amant, perquè si no els rivals d'amor lluitaran contra ell.

- G: Indubtablement.

- S: Així, doncs, ¿qui obligaràs a vetllar per la ciutat sinó aquells que, a més de ser els més entesos en allò que serveix per a administrar-la millor, gaudeixen d'altres honors i d'una vida millor que la del polític?

- G: Cap altre —va dir-me ell.

[34] És a dir, una vida millor que la del governant corrent, que consisteix en honors, poder, riqueses, etc., que són només "vanes ombres" del veritable bé.

[35] La desunió és el pitjor mal de l'Estat. Plató va viure molt de prop aquest mal en la seua pròpia ciutat. Les lluites pel poder portaren Atenes a la descomposició interna i al desastre.

INFORMACIÓ COMPLEMENTÀRIA:

1. El concepte d'Educació

Enfront del concepte d'*educació* que defensen els sofistes, per a Plató la finalitat de l'educació ha de ser conduir l'individu al coneixement de la veritat i del bé. Per a això cal avivar i "despertar" en l'ésser humà les capacitats intel·lectuals innates, posar en marxa la intel·ligència i fer-la discórrer, dirigir-la cap a l'esfera de l'immaterial i etern, on trobarà la veritat i el bé, apartant-la "del que s'esdevé", on només trobaria opinions confuses i béns materials, honors i riqueses que no donen la felicitat. L'educació és per a Plató un *procés dinàmic*, on l'autèntic protagonista és qui s'educa, i que requereix la seua *participació activa*. Enfront d'aquesta manera d'entendre la labor d'educar, els sofistes consideraven que l'educació únicament consistia en una mera transmissió de coneixements, de manera que l'individu que s'educa adopta una actitud *passiva o merament receptiva*. El pes principal de l'educació recauria llavors en l'educador, més que en el deixeble, qui es limitaria a escoltar i rebre passivament els continguts.

En el mite de la caverna el paper de l'educador estava representat metafòricament per un personatge que no és directament anomenat, però sí al·ludit indirectament: aquell que allibera un dels presoners i el guia cap a l'exterior. Aquesta metàfora expressa molt bé la manera en què Plató entén l'educació, en oberta contraposició als sofistes. Es tracta d'una "ascensió" que haurà de recórrer el propi presoner, la meta de la qual és aconseguir un coneixement que haurà d'assolir per ell mateix, de manera que l'educador és tan sols el guia que l'orienta i el força a recórrer aquest camí, ajudant-lo a superar els obstacles i resistències que puguen presentar-s'hi (inclinació al món dels béns i plaers materials que ens aparten d'una vida reflexiva, aferrament a les velles creences, als prejudicis i als costums, etc.).

Per una altra banda, ha quedat palés en aquest capítol que l'educació té per a Plató un sentit moral i ascètic, i no sols intel·lectiu. Educar no significa únicament accedir als coneixements, sinó també desenvolupar una alta qualitat moral, introduir harmonia i ordre en l'ànima mitjançant un procés de "purificació" ascètica que té com a finalitat moderar els desitjos i apetits corporals, lligats a allò sensible, que desvien l'ànima del camí del coneixement i l'obliguen a mirar "cap a baix" (519a-b). Qui assoleix aquest autodomini i sotmet els seus desitjos, impulsos i apetits al savi control de la raó, imprimeix ordre i harmonia en la seua ànima, a imitació de l'ordre i harmonia del món de les Idees, i aconsegueix així la virtut de la justícia. L'objectiu de Plató no és formar simples tècnics intel·ligents, experts en l'art del poder, sinó governants justos i savis alhora, capaços de governar-se a ells mateixos i dignes d'assolir la tasca de governar també la ciutat.

2. Veure l'apartat "Política, Educació i Coneixement de l'Ordre" (Capítol III: "La Filosofia General de Plató")

3. Ètica i Política

Han de ser els millors ciutadans d'una societat forçats a governar-la? Segons Plató, el filòsof ha d'assumir compromisos amb la comunitat, ocupant-se del govern de la ciutat quan calga. És clar que no acudirà a la política per propi interés personal, cercant-hi riqueses i poder, perquè, com que ha vist el *Bé en si*, no sols està en millors condicions que cap altre per a discernir en què consisteix el *bé de l'Estat*, sinó que, a més, coneix millor que ningú en què consisteix el vertader *bé de l'individu*, que solem anomenar "felicitat". Per això, a diferència de les altres persones, que confonen la felicitat amb "vanes ombres" del vertader bé humà (riqueses, poder i honors), el filòsof, gràcies al coneixement que ha assolit sobre el Bé en si, té una visió més clara i vertadera del bé individual: la veritable felicitat humana no consisteix en riqueses i poder, sinó en un tipus de vida filosòfica, una "vida bona i assenyada", dedicada a la investigació de la veritat. Per aquest motiu no es deixarà arrossegar per les aparences, i menyspreará els honors i béns materials que uns altres, ignorants del veritable bé, ansien amb tant d'anhel. Així, a diferència de la majoria dels polítics, que van a la recerca de riqueses i de poder, creient que en això trobaran la felicitat, i per aquest motiu disputen entre ells posant en perill l'harmonia i l'equilibri de la ciutat, el veritable filòsof no desitja el govern ni aquesta classe de vida: hi acudirà tan sols pel sentiment del deure, fins i tot sacrificant parcialment la felicitat personal, que ha trobat en una **vida filosòfica** consagrada a la reflexió i a la investigació de la veritat; aquest és el tipus de vida que realment desitja, i no la del polític.

I. ACTIVITATS DE LECTURA I COMPRENSIÓ

1. HO DIU EL TEXT? Llig atentament els dos capítols d'aquest bloc i contesta verdader o fals: V si estàs d'acord amb la interpretació que es fa del text; i F en cas contrari. Si contestes F, raona la resposta en el teu quadern de classe, recolzant-la en el text.

a) ☐ Plató diu en el text que educar és "inculcar saber en l'ànima que no en té", quelcom semblant a "infondre visió en uns ulls cecs".

b) ☐ En 518c Plató dóna a entendre que l'ànima de cadascú ja té una facultat innata de coneixement, una facultat d'aprendre.

c) ☐ En 518cd el que Plató ens vol dir és que, així com no cal infondre visió a qui té vista (perquè ja la posseeix i pot veure per ell mateix), a qui s'educa no cal infondre-li coneixements, perquè posseeix en si mateix la facultat de conéixer, que li permet assolir-los per si mateix.

d) ☐ Llavors, l'art d'educar, contra el que deien els sofistes, consistirà només a fer que l'ànima s'adrece cap "al que s'esdevé", apartant la mirada "d'allò que és".

e) ☐ En 518e ve a dir Plató que la semblança entre les demés virtuts de l'ànima i les del cos consisteix en què ambdues poden adquirir-se, encara que a força de costum i de pràctica.

f) ☐ En canvi, en 519a es parla de la virtut del coneixement, una virtut natural que sembla pertànyer a la part racional, eterna i immortal de l'ànima, i per això sempre resulta útil i avantatjosa.

g) ☐ En 519a es diu que els malvats però intel·ligents cometen maldats majors que els malvats però menys intel·ligents.

h) ☐ El malvat però intel·ligent està obligat a fer el mal i no pot fer el bé perquè pren allò dolent per bo i ignora el que és vertaderament bo. Veiem ací la clara influència pitagòrica sobre Plató.

i) ☐ En 519b, amb l'expressió "l'ànima d'aquesta naturalesa", es refereix Plató a l'intel·ligent però bo i ja educat.

j) ☐ En 519b dóna a entendre Plató que hi ha individus intel·ligents i de bona naturalesa, les ànimes dels quals han començat a corrompre's a causa d'una vida de plaers.

k) ☐ En 519c, amb l'expressió *aquells als quals es permeta educar-se indefinidament* es refereix Plató als filòsofs, en general, que viuen en qualsevol ciutat, inclosa la ciutat ideal que estan descrivint ara Sòcrates i Glaucó.

l) ☐ En 519d l'expressió *fundadors* al·ludeix als 3 personatges que dialoguen: Sòcrates, Glaucó i Adimant, que figura que són els fundadors imaginaris de la ciutat ideal que Plató està descrivint en l'obra *La República*.

m) ☐ En 519d, amb l'expressió *que s'hi queden* es refereix Plató a què es queden en el món de dalt, en l'exterior de la caverna, és a dir, que deixen de filosofar.

n) ☐ En 519e Plató menciona exactament 3 funcions que té la llei en la ciutat ideal, ni una més i ni una menys.

o) ☐ En 520b amb l'expressió *les altres ciutats* es refereix a les ciutats existents, diferents de la ciutat ideal.

p) ☐ En 520c amb l'expressió *Cal, per tant, que baixeu, cadascú quan li toque, a la vivenda dels altres* es refereix Plató a què els filòsofs han d'educar tots els altres ciutadans perquè tots contemplen les Idees i el Bé en si.

q) ☐ En 520d-521a Plató ve a dir que per a ser un bon governant cal no esperar que la política ens procure la felicitat, riqueses o poder; sinó haver comprés abans que la felicitat resideix en una altra cosa, en un altre tipus de vida que poc té a veure amb el poder, les riqueses o els honors.

r) ☐ De 521a-b es desprén clarament que una de les raons per les quals els filòsofs seran els millors governants és precisament perquè desprecien el poder i els càrrecs, i per això, si acudeixen a la política, no ho faran per a enriquir-se o obtindre poder.

2. **LOCALITZA, SUBRATLLA I RELACIONA**: Comprova que has dut a terme una lectura detinguda i atenta del capítol IV. Localitza i subratlla en aquest capítol les expressions que apareixen a la columna de l'esquerra i, tenint en compte el context en què apareixen, relaciona-les amb les de la columna de la dreta.

EXPRESSIONS DEL TEXT	SIGNIFICAT
1- "Alguns" (518c)	a) La intel·ligència o nous
2- "aquest poder d'aprendre inherent a l'ànima de cadascú" (518c)	b) El coneixement de les Idees
3- "l'òrgan amb què tothom aprén" (518c)	c) La justícia, la moderació, la valentia, la saviesa
4- "el que s'esdevé" (518c)	d) La Idea del Bé
5- "la contemplació d'allò que és" (518c)	e) Posseir especials dots intel·lectuals innates, una bona intel·ligència natural
6- "el més clar d'allò que és" (518c)	f) L'educació
7- "Un art de dirigir l'òrgan... de reorientar-lo" (518d)	g) El sensible i material, els plaers i béns materials
8- "virtuts de l'ànima" (518d)	h) Es refereix als sofistes
9- "virtuts del cos" (518d)	i) La capacitat de conéixer, que és innata
10-"no tindre mala vista" (519a)	j) La força física, la bellesa, la salut
11-"allò a què s'adreça" (519b)	k) El sensible i material

3. **LOCALITZA, SUBRATLLA I RELACIONA**: Fes el mateix amb les següents expressions que apareixen en el capítol V.

EXPRESSIONS DEL TEXT	SIGNIFICAT
1- "harmonia (entre) els ciutadans" (519e)	a) Estarà sàviament governada, a la llum de les Idees
2- "els vincles de la ciutadania" (519e)	b) Coses que equivocadament els humans confonen amb el bé: el poder, els honors i les riqueses materials
3- baixar "a la vivenda dels altres" (520c)	c) La justícia en l'Estat
4- contemplar "el ver en allò que respecta al bell, al just i al bo" (520 c)	d) El coneixement de les Idees de Bellesa, Justícia, Bé
5- la ciutat "viurà a la llum del dia" (520 c)	e) La cohesió social entorn d'un projecte comú: el bé de la comunitat
6- "vanes ombres" (520 d)	f) Dedicar-se a la filosofia
7- viure "en l'àmbit de la pura idea" (520d)	g) Ocupar-se dels assumptes humans

II. ACTIVITATS DE DEFINICIÓ DE TERMES

TEXT CAPÍTOL IV

4. Llig el capítol IV i defineix el concepte d'***educació*** partint de la informació oferida pel text i completant-la amb el coneixement que tingues de la filosofia de Plató i dels sofistes. Tin molt present que en el text apareixen dues concepcions distintes i contraposades de l'educació. La teua resposta haurà de començar assenyalant això i aclarint cada una d'elles.
5. Defineix el concepte filosòfic al·ludit amb l'expressió del text ***el que s'esdevé***, contraposant-lo al concepte filosòfic al·ludit amb l'expressió ***allò que és*** (518c), partint de la informació oferida pel text i completant-la amb el coneixement que tingues de la filosofia de Plató.
6. Explica el significat de la metàfora ***girar-se cap a la llum*** (518c) en oposició a l'expressió que l'ànima ***es gire cap avall*** (519b). A continuació defineix els conceptes de la filosofia platònica a què fan referència cadascuna d'aquestes dues expressions, partint de la informació oferida pel text i completant-la amb el coneixement que tingues de la filosofia de l'autor.
7. Defineix els conceptes ***tota l'ànima*** i ***virtuts de l'ànima*** que apareixen en aquest capítol, partint de la informació oferida pel text i completant-la amb el coneixement que tingues de la filosofia de Plató.

TEXT CAPÍTOL V

8. Defineix les expressions relacionades ***llei*** i ***harmonia*** **entre els ciutadans,** que apareixen en el text. Per a això relaciona-les amb altres expressions del text, com el coneixement del "ver en allò que respecta al just", el tipus de governant, etc., i completa-ho amb els teus coneixements de la filosofia política de Plató.
9. Explica l'expressió metafòrica ***vanes ombres***, que apareix en el paràgraf que va de 520c fins al final del capítol V i defineix el concepte filosòfic a què es refereix, recolzant-te tant en el text com en els teus coneixements sobre Plató.
10. A què es refereix Plató en 520c amb la metàfora ***cada imatge, què és i de què***? Defineix els conceptes a què Plató es refereix amb ella, basant-te tant en els teus coneixements sobre la filosofia de Plató com en el text.

III. ACTIVITATS DE SÍNTESI D'UN TEXT I D'ARGUMENTACIÓ

TEXT CAPÍTOL IV

11. **TEMA, TESI, ARGUMENTS:** Llig el capítol IV fins a 519c i sintetitza les idees del text; per a això fes un resum indicant el tema de què tracta, la tesi del text i els arguments o raons en la seua defensa. (Segueix les orientacions que trobaràs en l'apartat "La prova d'accés a la Universitat", al final d'aquest llibre.)

12. Explica clarament i detalladament l'argument per mitjà del qual Plató afirma en 518e-519a que la virtut del coneixement pot resultar útil i avantatjosa o, al contrari, inútil i nociva. Pots començar així la teua resposta: "*Plató parteix de l'existència en l'ànima humana d'una certa facultat de coneixement, que a diferència de les restants virtuts és innata i «no perd mai el seu poder», com diu el text en 518-e. Ara bé ...*".

13. Explica els arguments en què Plató es basa per a afirmar en 519c que "ni els ineducats i inexperts en la veritat", ni tampoc "aquells als quals se'ls permeta educar-se indefinidament" podran "governar la ciutat com cal". Per a elaborar correctament la teua resposta és aconsellable que tingues present el següent:
    a) Subratlla la partícula *perquè*, que apareix en dues ocasions en 519c. Tin en compte que aquesta partícula introdueix una premissa o raó del que s'ha dit en la frase precedent, i justament el que anem buscant en el text són raons i arguments.
    b) No et limites a respondre copiant sense més dos o tres frases del text. Aclareix-les també. Per a això tin en compte el context, especialment la similitud entre "els ineducats" i "els malvats, però intel·ligents" que apareixen mencionats en 519a.

TEXT CAPÍTOL V

- El capítol V combina discurs expositiu i discurs argumentatiu, amb predomini d'aquest últim. És possible arreplegar les seues idees principals a través d'un esquema-síntesi com el següent:

SÍNTESI DE LES IDEES PRINCIPALS DEL CAPÍTOL V

1. Reflexió sobre la llei i la justícia a la ciutat ideal (519e - 520a)
   - 1.1. La finalitat de la llei és el bé de tota ciutat, la unitat i la cooperació harmònica entre tots els membres de la societat
   - 1.2. Justícia és harmonia entre les classes de l'Estat
   - 1.3. El bé comú (felicitat de tota la ciutat) és prioritari respecte al particular (felicitat només d'una classe)
2. Raons i arguments pels quals els filòsofs hauran de governar (520b - 521b)
   - 2.1. Estan en deute amb la ciutat (520b)
   - 2.2. Són "els més entesos" (521 b i 520 cd)
   - 2.3. Acudiran al govern com un deure (520e), perquè:
     - 2.3.1. Desprecien els honors i riqueses materials (521a)
     - 2.3.2. Gràcies a la filosofia han aconseguit l'autèntica vida feliç (521 a-b)

14. **TEMA, TESI, ARGUMENTS**: Tanmateix, si ens centrem únicament en la part més argumentativa del text, per fer-ne un resum és preferible utilitzar el **model de resum Tema-tesi-arguments**. Llig des de 520b fins al final del capítol V i sintetitza les idees del text, mostrant en el teu resum l'estructura argumentativa: el tema, la tesi de l'autor i els arguments en la seua defensa. (Vegeu l'apartat "La prova d'accés a la Universitat", al final del llibre.)

15. Explica en detall com s'argumenta en el paràgraf anterior que per a "tenir una ciutat ben administrada", el governant ha de tenir una "vida millor" i diferent de la del polític corrent. ORIENTACIÓ: Convé començar aclarint breument en què consisteix aquest tipus de "vida millor".

IV. ACTIVITATS D'ACTUALITZACIÓ I DE RELACIONAR

16. **PLATÓ I ELS SOFISTES:** Compara la filosofia de Plató amb la dels sofistes. Per a això escriu una carta, dirigida als sofistes, en la qual tu adoptes el paper i els punts de vista de Plató. Aquesta carta ha de reflectir les diferències entre Plató i els sofistes en temes com la possibilitat de conéixer la veritat, la realitat, la moral, la política i la manera d'entendre l'educació.

17. **PLATÓ I EL SEU CONTEXT HISTÒRIC:** Explica en què consisteix la proposta política del filòsof governant i relaciona-la amb el context històric i biogràfic que a Plató li tocà viure, fent menció de la "Carta VII".

18. **PLATÓ I ALTRES FILOSOFIES POLÍTIQUES:** Plató té una idea estatalista i organicista de l'Estat. a) Explica el que això significa. b) Informa't sobre ideologies o teories polítiques d'altres èpoques que puguen qualificar-se també d'estatalistes o organicistes. c) Informa't sobre la valoració que fan de l'Estat l'anarquisme i el liberalisme i respon: ¿estarien d'acord amb el punt de vista de Plató sobre la relació entre l'Estat i l'individu? Raona la teua resposta.

19. **PLATÓ I EL SEU CONTEXT HISTÒRIC**: Repassa la crítica que Plató llança contra la democràcia del seu temps i explica quins aspectes d'aquesta crítica tindrien també actualitat en les democràcies del segle XXI.

20. **ACTUALITZACIÓ**: En el capítol V Plató es refereix als polítics del seu temps com a persones que disputen unes amb les altres pel poder i que són "pobres i indigents de béns personals". Atribueix aquesta conducta a la ignorància del veritable bé per ser feliç i governar amb justícia. El nostre autor proposa un altre perfil de polític, caracteritzat per la saviesa, la justícia i l'honradesa, així com un altre mode, distint al democràtic, de seleccionar els dirigents polítics. No serà el poble ignorant, sinó l'Estat, el que seleccionarà els futurs governants i els educarà en la justícia i el bé. Respon:

    - Què opines d'aquest procediment de selecció dels governants? Quins avantatges i quins riscos comporta?
    - ¿Què ha d'importar més en un polític, els seus coneixements tècnics —en economia, administració, lleis... — o les seues qualitats morals? Quines qualitats morals ha de reunir un bon dirigent polític en l'actualitat?

21. **ACTUALITZACIÓ:** ¿Com podria millorar-se o corregir-se l'actual democràcia per estar segurs que aquells que ens governen tenen les qualitats morals requerides?

V. ACTIVITATS DE REDACCIÓ FILOSÒFICA

1. "Ordre ontològic, ordre de l'ànima i ordre polític"
2. "Teoria de l'ànima i educació en Plató"
3. "El treball de l'intel·lectual i l'acció política" (Examen PAU, juny 1995)
4. "L'educació i el govern de la polis"
5. "La concepció platònica de l'Estat i del bon govern"
6. "El dualisme epistemològic i les seues implicacions polítiques"
7. "La justícia i els fins de la política" (Examen PAU, juny 1996)
8. "Individu, comunitat i govern en el pensament de Plató" (Examen PAU, setembre 1997)
9. "La crítica a la democràcia i la proposta política de Plató"
10. "Relacions entre educació, política i filosofia" (Examen PAU, juny 1999)

V. La prova d'accés a la Universitat (PAU)

1 Les preguntes de l'examen d'Història de la Filosofia

L'examen de l'assignatura d'Història de la Filosofia de la **Prova d'Accés a la Universitat** a la Comunitat Valenciana consta d'un text i quatre qüestions. Les dues primeres qüestions estan directament relacionades amb el text. La duració de l'examen és d'una hora i trenta minuts. Les quatre qüestions que componen la prova són les següents:

- **Qüestió 1a: Síntesi del text:** "*Sintetitza les idees del text mostrant en el teu resum l'estructura argumentativa o expositiva desenvolupada per l'autor*". Puntuació: Fins a 2 punts. Cal advertir que de vegades et poden demanar explícitament que reconstruïsques un argument del text a partir d'un enunciat en concret. Per exemple: *Reconstruïx l'argument per mitjà del qual Plató acaba concloent que "ni els ineducats i inexperts en la veritat podran governar la ciutat com cal, ni tampoc aquells als quals se'ls permeta educar-se indefinidament"*.
- **Qüestió 2a: Definició de termes:** "*Defineix el terme (o els termes relacionats)... partint de la informació oferida pel text i completant-la amb el coneixement que tingues de la filosofia de l'autor*". Puntuació: Fins a 2 punts.
- **Qüestió 3a: Redacció filosòfica** sobre un tema de la filosofia de l'autor del text. Puntuació: Fins a 5 punts.
- **Qüestió 4a: Pregunta lliure de relacionar o d'actualització:** "*Comenta breument qualsevol aspecte del pensament de l'autor del text que jutges important en algun d'aquests sentits: per la seua relació amb el d'altres filòsofs, amb fets històrics rellevants (especialment si són coetanis a l'autor o tenen relació amb la seua vida) o amb trets significatius del món contemporani*". Puntuació: Fins a 1 un punt.

A continuació t'oferim alguns consells útils per a contestar el tipus de preguntes que conformen l'examen de selectivitat. Recorda que disposes d'un temps limitat per a fer-lo, per tant els consells que segueixen són especialment vàlids per a treballar aquest tipus de preguntes en classe i, amb el temps i la pràctica, desenvolupar destreses i agilitat de cara a enfrontar-te a l'examen.

2 CONSELLS PER A LLEGIR BÉ EL TEXT DE L'EXAMEN

Per a contestar correctament les dos primeres qüestions és summament important haver comprés bé el text. Per això n'és fonamental una lectura atenta i detinguda abans de redactar les respostes a les qüestions. Has de tenir en compte els consells següents:

- Numera els paràgrafs separats per punts i a part per facilitar després les referències al text. En el cas de Plató no hi cal, ja que el text de l'examen ve normalment amb la numeració tradicional. Empra-la si necessites fer referències al text.
- Subratlla en el text les marques dels distints ***subjectes de l'enunciació*** que apareixen. El **subjecte de l'enunciació** d'un text és un autor, un corrent filosòfic o un col·lectiu de persones, als quals hem d'atribuir una opinió o punt de vista que hi apareix. Ben sovint pot ocórrer que l'autor d'un text hi expose, a més de les seues pròpies opinions, les d'altres autors o grups de persones, bé siga per a criticar-les, per a matisar-les o per a recolzar-se en elles. En aquest cas tenim un text amb diversos **subjectes de l'enunciació.** Un dels errors d'interpretació més greus —i per desgràcia més freqüents—, consisteix a atribuir a l'autor del text una opinió que, encara que hi apareix escrita, l'autor l'exposa justament per criticar-la o rebutjar-la. Una forma d'evitar aquests errors consisteix a detectar —si és el cas— la presència en el text de diversos **subjectes de l'enunciació**, atribuir a cadascun l'opinió o punt de vista que li corresponga, i esbrinar quina és la posició de l'autor del text respecte d'això (accepta, critica, aplaudeix, rebutja, etc.). Per a això has de subratllar en el text el que s'anomenen **"marques dels subjectes de l'enunciació"**. Hi ha algunes marques del text que delaten la presència d'altres subjectes de l'enunciació diferents a l'autor, com ara noms propis d'altres autors, pronoms indefinits ("alguns", "uns", "altres", etc.), noms de col·lectius ("els pitagòrics", "els que entenen d'aquestes coses", etc.) o formes impersonals ("es diu...", "es pensa...", etc.). Quan el subjecte de l'enunciació és —com succeeix en la majoria dels casos—, el propi

autor del text, a vegades les marques que ho mostren són verbs o pronoms en primera persona ("jo", "pense que...", "nosaltres", etc.). Quan no apareix cap marca explícita del subjecte de l'enunciació, com generalment passa, s'entén que el subjecte de l'enunciació és també el propi autor del text, i cal atribuir-li a ell totes les opinions que s'hi expressen.

– Utilitza els marges del text per fer anotacions: subjectes de l'enunciació, contraposicions de termes, aclariments, nuclis temàtics que van apareixent, etc.
– Llig el text tantes vegades com siga necessari per entendre'l bé.

3 LA PRIMERA QÜESTIÓ: SÍNTESI DEL TEXT

DE QUÈ ES TRACTA?

– En aquest exercici es tracta que resumisques o sintetitzes el contingut del text, exposant de forma clara i concisa les idees principals i reflectint la seua estructura.
– En certes ocasions ens poden demanar, en compte d'una síntesi del text, que reconstruïm l'argument a partir d'un enunciat concret del text.

PREPARACIÓ DE LA RESPOSTA

– Si ens demanen que fem una síntesi o resum de les idees del text, mostrant la seua estructura argumentativa o expositiva, abans de respondre haurem de determinar quin tipus de text és: si és predominantment **argumentatiu** o predominantment **expositiu**.

a) **Els textos expositius** tenen com a funció principal transmetre una informació i instruir, i es coneixen també com a textos informatius. A banda d'aportar dades o informació sobre un fet, teoria, fenomen, etc., inclouen també explicacions didàctiques, comparacions, diferències i semblances, analogies, exemples, etc.

b) En **els textos argumentatius** l'autor pren posició sobre un tema i intenta defendre aquesta postura i convéncer el lector de la seua veritat o raonabilitat. Es denomina **tesi** la idea que sintetitza el punt de vista o la posició de l'autor sobre el tema tractat. Per defendre-la s'aporten **arguments o raons**. En tot discurs argumentatiu és possible trobar una tesi i almenys un o varis arguments al seu favor. Una característica dels textos argumentatius és la presència de connectors que li són propis, com ara: *perquè, ja que, tenint en compte que...* (premisses) i *per tant, en conseqüència, d'això se'n segueix* *que, per consegüent, per això...* (conclusió). Si apareixen aquestes partícules, subratlla-les; és molt probable que estigues davant d'un text argumentatiu.

3.1. Resum de textos expositius: Síntesi d'idees

– **Si el text és predominantment expositiu** et recomanem que per resumir-lo utilitzes el model de síntesi que et proposem i expliquem en *l'apartat* ***"Activitats de síntesi d'un text i d'argumentació"***, corresponent al Bloc 1 de *La República* (pàg. 75). Repassa-te'l.

3.2. Resum de textos argumentatius: Tema-tesi-arguments

– **Si el text és predominantment argumentatiu**, és millor que tries una altra forma de presentar la teua resposta: un breu resum d'unes 10 o 12 línies, en el qual indiques: **a) tema, b) tesi, c) arguments a favor de la tesi:**

- **El tema** d'un text és l'assumpte de què tracta, i pot formular-se normalment amb una paraula o expressió: *la llibertat, el bé en si*, *el govern de l'Estat*, *els tipus de realitat*, *l'educació del governant*, etc. Si tens dificultat per a identificar-lo, pregunta't: *de què va aquest text? Quin assumpte està tractant?* De vegades el propi autor anuncia explícitament el tema que va a abordar.
- Una vegada has aconseguit identificar el tema correctament, pregunta't: **Quina és la posició de l'autor sobre aquest tema o assumpte? La resposta a aquesta pregunta és la tesi**.
- **La tesi** d'un text és l'opinió que l'autor defén sobre el tema o assumpte tractat al text.
- Has de formular-la mitjançant una frase completa, clara, que tinga la forma d'una afirmació o negació rotunda. Exemple: "*Els filòsofs, una vegada educats, han d'ocupar-se de la direcció política de l'Estat*".
- En la teua formulació de la tesi s'ha de mencionar el tema (si no, alguna cosa falla; en aquest cas hauràs de revisar o bé la formulació del tema o bé la de la tesi).
- La tesi no té per què repetir una frase literal del text. El millor és que intentes comprendre bé el text i després, sense mirar-lo, et preguntes: *Què està dient, en síntesi, l'autor sobre el tema?*
- Si has formulat correctament la tesi, no et serà difícil trobar en el text els **arguments** que l'autor exposa per justificar-la:

- Es tracta de les raons que l'autor addueix per defendre la seua posició i convéncer el lector.
- Has de resumir-los i exposar-los ordenadament, numerant-los.
- Si vols estar segur que has identificat bé els arguments, pots fer la prova següent: ¿Podries connectar els arguments que has identificat amb la tesi mitjançant un "*perquè...?*". ***(Tesi + perquè + arguments.)*** Si és així, ho has encertat. Si no, has de revisar la tesi o els arguments (o ambdós).
- En el teu resum del text pots introduir-los així: *Els arguments que l'autor dóna en defensa de la seua tesi són els següents*:

3.3. Si en compte d'un resum ens demanen que reconstruïm un argument a partir d'un enunciat del text

- En aquest cas es tracta que exposem sintèticament, per passos i ordenadament, no l'estructura del text sencer, sinó la d'un determinat argument o raonament que hi apareix.
- Quan respongues, el millor és que estructures la teua resposta de la manera següent:
  - El punt de partida de l'argumentació.
  - Idees o passos intermedis que condueixen a la conclusió.
  - Conclusió.
- És convenient que numeres en el text cada pas.
- Per evidenciar l'enllaç lògic o argumentatiu que connecta cada idea amb l'anterior convé que utilitzes adequadament expressions com les següents: "*La raó de l'anterior és que...*", "*afirma això perquè...*", "*aquesta afirmació es basa en...*" (premisses), "*de l'anterior se'n segueix que...*", "*de l'anterior extrau com a conseqüència que...*", "*de tot l'anterior es conclou finalment que...*"(conclusió).
- Evita copiar literalment frases del text. En alguns casos, a més, pot ser útil explicar alguna idea del text.
- De vegades, a l'hora de reconstruir una argumentació, és necessari introduir alguna idea o supòsit implícit, que no apareix explícitament al text però que l'autor dóna per suposat o sabut. En aquest cas no oblides explicitar-ho, encara que no estiga en el text.
- Evita anar-te'n per les branques; tin en compte que la teua resposta ha de concloure en l'enunciat del text pel qual et pregunten. Per a indicar-ho pots finalitzar-la així, per exemple: *I així és com l'autor del text arriba a la conclusió que... (text)*

ERRORS QUE CAL EVITAR ABSOLUTAMENT

- Repetir el text de principi a fi sense fer una veritable síntesi i sense destacar les idees principals, sense reflectir la seua estructura.
- En formular la tesi, confondre la tesi amb el que en realitat és un argument a favor de la tesi.
- Proposar com a tesi una frase literal del text només perquè et pareix interessant o cridanera.
- Fer valoracions o donar la teua opinió, quan es tracta només que demostres la teua capacitat de comprensió i de síntesi.

4 LA SEGONA QÜESTIÓ: DEFINICIÓ DE TERMES

DE QUÈ ES TRACTA?

– En aquesta qüestió ens demanen que definim un terme del text. Si en ell apareixen dos termes relacionats és possible que ens demanen que definim els dos, i en aquest cas la nostra resposta ha de reflectir la seua relació.

– En qualsevol cas, es tracta que oferisques una definició concreta, clara i el més completa possible del terme o termes pels quals et pregunten.

– En la pregunta et demanen explícitament que partisques de la informació que el text aporta sobre el terme que cal analitzar, i que la completes amb els teus coneixements sobre la filosofia de l'autor. Per això és important que tingues molt present l'ús o usos que l'autor està fent del terme en el text.

– El resultat final de la teua resposta ha de consistir en una espècie d'anar i venir del text als teus coneixements sobre l'autor, amb l'únic objectiu d'explicar el terme que cal analitzar (i, de vegades, les expressions del text en què et recolzes per definir-lo).

PREPARACIÓ DE LA RESPOSTA

– Has de subratllar:

- Les marques d'altres subjectes de l'enunciació diferents de l'autor (si n'hi ha).
- El terme que cal analitzar o els seus sinònims cada vegada que apareguen.
- Paraules o expressions que convenen al terme que analitzarem i que li aporten parcialment significat o que l'aclareixen per afinitat o semblança.

- Si aparegueren en el text, subratlla també en un color distint aquelles paraules o expressions que són oposades o contràries al terme que vas a definir i que poden servir-nos per a explicar el seu significat per contraposició.

– Agrupa en una columna els termes i expressions subratllats que convenen al concepte que vas a definir (en ells et recolzaràs, en part, per definir i explicar el terme).

– Si has trobat i subratllat termes oposats, agrupa'ls en una altra columna al costat de l'anterior, formant una taula de contraposicions composta de parells d'oposats.

– Indaga i rellig a l'entorn de les expressions subratllades per esprémer del text la màxima informació possible sobre el significat i l'ús del terme que vas a definir (anota-ho al marge si cal).

– Pregunta't: Què està dient el text, per poc que siga, sobre el terme pel qual em pregunten?

QUAN RESPONGUES

– Pots començar sintetitzant la informació que el text aporta sobre el terme que s'ha de definir, l'ús que l'autor en fa, etc. Atenció! Només sobre el terme! No es tracta de contar el text sencer!

– Per a indicar que efectivament estàs basant-te en el text poden ser-te útils expressions com ara les següents: *Com veiem en el text...*; *En 520 es diu que...*, etc.

– Recolza't en els termes del text que *convenen* al concepte que s'ha d'analitzar i que has subratllat prèviament.

– Si has subratllat termes oposats, intenta ressaltar el joc d'oposicions que estableix l'autor en el text. Això t'ajudarà a aclarir, per oposició, el significat del terme que cal analitzar. Pots ajudar-te de les expressions següents: *Per contraposició al terme que s'ha d'analitzar...*; *l'expressió que cal analitzar s'oposa en el text a...*; *l'expressió X es refereix a... en clara oposició a Z, que es refereix a...*

– Completa i arredoneix la informació del text amb els teus coneixements sobre el concepte que s'ha de definir. Pots optar per anar i venir del text als teus coneixements sobre l'autor i el terme que has de definir. Poden servir-te les següents expressions: *Com se sap, per a l'autor del text...*; *tornant de nou al text, en el segon paràgraf es diu que...*; *ja fora del text, convé aclarir que per a l'autor...*

– Si el terme que s'ha de definir no és pròpiament un concepte filosòfic sinó una expressió metafòrica (com per exemple "el món de dalt"), hauràs de començar indicant a quin concepte de la filosofia de l'autor es refereix i, a continuació, intentar definir-lo recolzant-te en el text i en els teus coneixements sobre l'autor.

– Si, a banda de l'opinió de l'autor sobre el terme que s'ha de definir, apareguera en el text un punt de vista distint sobre aquest concepte, atribuïble a un altre o a d'altres autors (a altres subjectes de l'enunciació), la teua resposta haurà d'arreplegar la definició del terme, tant per a l'autor del text com per als altres autors. Per exemple: el terme *educació* en el capítol IV del "Llibre VII": educació per a Plató i educació per als sofistes ("alguns"). En aquest cas hauries de començar la teua resposta així: "*En el text apareixen dos significats distints del terme* educació...". I a continuació hauries d'aclarir cadascun d'ells, contraposant-los.

ERRORS QUE CAL EVITAR ABSOLUTAMENT

– No centrar-te en els termes que et pregunten i anar-te'n per les branques, explicant tot el text o una part de la filosofia de l'autor sense que vinga al cas.

– Donar una definició en quatre línies del terme que has d'analitzar sense fer la menor referència al text.

– Copiar literalment trossos del text sense aportar cap aclariment del terme que s'analitza.

5 LA TERCERA QÜESTIÓ: LA REDACCIÓ FILOSÒFICA

DE QUÈ ES TRACTA?

– Es tracta que realitzes una composició escrita sobre **un problema o assumpte filosòfic**, però al fil del pensament de l'autor del text.

– El problema o assumpte filosòfic ve determinat pel títol de la redacció, que **no has de perdre mai de vista**.

– De vegades el títol pot presentar-se en forma de pregunta directa o indirecta.

– Altres vegades es pot presentar en forma d'un tema constituït per dos o més termes connectats (per exemple, "*Coneixement de la veritat i govern de la ciutat*"; selectivitat, juny 1992). En aquest cas haurem d'aclarir aquests termes i, sobretot, exposar les diferents formes de relació entre ells.

– Encara que cal centrar-se en el filòsof estudiat, pots mencionar també altres filòsofs que aborden el mateix tema i relacionar-los o contraposar-los.

– La redacció filosòfica és un exercici difícil, perquè és un exercici de síntesi en què has d'enfocar-te al tema proposat.

– És un exercici molt útil perquè serveix per a desenvolupar i posar a prova la teua maduresa, la teua capacitat de síntesi, de captar i de formular problemes filosòfics, d'argumentar, d'estructurar les idees, embastar-les i relacionar-les per crear una composició unitària.

PREPARACIÓ DE LA RESPOSTA

– Llig bé el títol de la dissertació; no t'espantes si al principi et resulta estrany i reflexiona uns minuts sobre ell. Apunta en forma de pregunta les idees, els problemes o interrogants filosòfics que se t'acudisquen.

– Fes en brut un breu esquema o guió on anotes quatre o cinc idees bàsiques sobre el tema.

– No t'ha d'importar que el guió estiga incomplet; qualsevol esquema, per incomplet que siga, és millor que no cap.

– Dóna-li forma a la redacció; per a això estructura-la en **introducció-desenvolupament-conclusió**.

– La introducció i la conclusió han de tenir una extensió breu i semblant; el desenvolupament ha de ser unes quatre o cinc vegades major.

– Separa cadascuna de les tres parts per mitjà de punt i a part.

I. La introducció

– Has d'iniciar-la fent referència al problema o problemes filosòfics que el títol comporta.

– Pots servir-te de preguntes encadenades que facen referència a tots els problemes filosòfics que el títol planteja. Demostra que has captat bé el tema que et proposen!

– Recorda que un problema filosòfic no és qualsevol pregunta, sinó una pregunta oberta, que planteja un problema molt general que invita a la reflexió i que no es respon amb un simple sí o un simple no.

– Per a formular interrogants t'ajudarà haver captat la naturalesa del problema que el títol planteja: és un problema ontològic? Epistemològic? Polític? Ètic? De teoria de l'educació? Per a plantejar preguntes t'ajudarà la taula que et proposem al final d'aquest apartat.

– És freqüent, tanmateix, que el títol plantege relacionar dos o més temes pertanyents a àmbits distints. Exemple: *Realitat i veritat*.

– En la introducció has d'anticipar breument el PLA de la teua redacció, resumint el guió que has elaborat en brut: el punt de partida, idees que desenvoluparàs i ordre en què vas a fer-ho, autors que tractaràs, etc.

II. El desenvolupament

- Es tracta de la part més important i extensa.
- Has d'enfocar-te en el títol proposat i tractar de respondre les preguntes que has formulat en la introducció, al fil del pensament del filòsof estudiat.
- El millor és que et centres en les quatre o cinc idees que t'ha suggerit el títol i que has anotat en el guió en brut.
- Dedica a cada una d'aquestes idees o nuclis temàtics un paràgraf per a desenvolupar-la o explicar-la. Separa els paràgrafs per mitjà del punt i a part.
- El **fil conductor** que ha de servir-te per a connectar entre si els paràgrafs és el tema proposat.
- Quan inicies un paràgraf intenta connectar-lo amb l'anterior, de manera que la teua redacció estiga embastada i no siga una mera suma de compartiments o paràgrafs estancs.
- Usa els connectors propis del discurs argumentatiu per a ordenar i embastar paràgrafs i idees: *perquè*, *per tant*, *de l'anterior se segueix que*, *la raó d'això és que*, *en conseqüència*, *per això*, *ara bé*, etc.
- Usa connectors per a ordenar les teues idees i el teu discurs: *D'una banda*, *d'altra banda*, *en primer lloc*, *en segon lloc*, *finalment*, etc.
- Usa connectors per a matisar o contraposar idees o punts de vista distints: *En canvi*, *no obstant això*, *tanmateix*, *a diferència de*, *en contraposició a*, *en oposició a*, *al contrari que*, etc.
- Sintetitza, vés al més important i passa de l'anecdòtic; si t'enrotlles perdràs el fil conductor. No es tracta de contar-ho tot!, sinó de centrar-te en el problema i enfocar bé el tema.
- Recorda que el fil conductor és sempre el títol o tema proposat. No el perdes mai de vista! En això mai no insistirem prou.

III. La conclusió

- Serveix per a tancar la redacció filosòfica i no fer la impressió que està inacabada.
- El millor és que en la conclusió faces un breu resum del desenvolupament, una síntesi de les idees fonamentals exposades en la redacció.
- Si et sents capaç, pots també aportar-hi un punt de vista crític, sempre i quan la teua crítica estiga ben fonamentada.
- És essencial que hi recordes o almenys tingues en ment el tema o títol proposats. La conclusió ha d'estar molt connectada amb ell!
- No convé que en la conclusió introduïsques idees noves que no has mencionat —ni tan sols de passada— en el desenvolupament.
- Per a introduir la conclusió utilitza expressions adequades, com ara: *En conclusió...*, *En resum...*, *En definitiva...*, *Concloent...*, etc.

ERRORS QUE CAL EVITAR ABSOLUTAMENT

- Dir tot el que et saps de l'autor sense respondre al tema plantejat o respondre-hi només de passada.
- Convertir la redacció en una retafila d'idees o paràgrafs desembastats, aparentment inconnexos i sense fil conductor.
- Enrotllar-te excessivament amb l'anecdòtic, anant-te'n per les branques i perdent el fil del tema.
- Plantejar en la introducció interrogants que no són en realitat problemes generals, oberts i filosòfics.

TÍTOLS DE REDACCIÓ APAREGUTS EN PAUs ANTERIORS

1. La justícia i els fins de la política (juny 1996)
2. Opinió, pensament i ciència en la filosofia de Plató (juny 1997)
3. Individu, comunitat i govern en el pensament de Plató (setembre 1997)
4. Matemàtiques i veritat (setembre 1998)
5. Relacions entre educació, política i filosofia en Plató (juny 1999)
6. Educació i coneixement de la veritat en el pensament de Plató (juny 2000)
7. Ciència, opinió i consens entre els humans (juny 2001)
8. Educació i tipus de coneixement (setembre 2002)
9. La teoria platònica de les idees (setembre 2003)
10. Graus de realitat i graus de coneixement en la teoria de les idees de Plató (setembre 2005)
11. L'ascensió al saber de l'intel·ligible com a camí d'alliberament (setembre 2006)
12. El mite de la caverna i la teoria de les idees (juny 2007)
13. L'educació en la filosofia de Plató (juny 2009)

COM COMENÇAR LA INTRODUCCIÓ DE LA REDACCIÓ FILOSÒFICA?

Ací tens una llista d'interrogants o **problemes filosòfics** que poden serte útils per a la introducció de la redacció filosòfica. Però només et serviran si realment has captat prèviament l'àmbit de problemes a què es refereix el títol de la redacció. La llista és per descomptat incompleta i pot adaptar-se a cada filòsof.

ÀMBIT DE PROBLEMES	PROBLEMES FILOSÒFICS
ONTOLOGIA O TEORIA DE LA REALITAT	Què és la realitat? Què s'entén per "real"? ¿És igualment real el que canvia que el que roman sempre idèntic? Hi ha una essència oculta de la realitat? ¿Hi ha una estructura profunda de la realitat material que resulta desconeguda i oculta als sentits? Hi ha un ordre en la realitat? És l'estructura de la realitat un cosmos o un caos? D'on procedeix la realitat visible? Té el seu origen en l'atzar o és el resultat d'un pla intel·ligent? ¿Quin paper juga la teoria de la realitat de Plató en la seua teoria del coneixement? És possible distingir modes diferents de realitat? ¿Hi ha potser una jerarquia o gradació en la realitat o, al contrari, tot és igualment ser?
EPISTEMOLOGIA O TEORIA DEL CONEIXEMENT	Què és la veritat? ¿Pot l'ésser humà aconseguir un coneixement segur de la realitat? És possible aconseguir veritats objectives? O potser és tota veritat relativa o subjectiva? ¿És possible el consens entre els éssers humans entorn d'algunes veritats? Són els sentits una font fiable de coneixement? I la raó o la intel·ligència? És el mateix opinar que conéixer? En què difereixen? ¿És possible aconseguir coneixement ferm i segur sobre qualsevol àmbit de la realitat o només sobre alguns? Sobre quins?
POLÍTICA	En què consisteix un Estat just i ben governat? Quin és el fi que ha de perseguir la política? En el cas que diguem que la política ha de perseguir el bé de l'Estat, en què consisteix? ¿Com seleccionar els dirigents polítics que han de governar per aconseguir el bé de l'Estat? És la democràcia un bon sistema de selecció? Quins riscos comporta? Quines alternatives hi ha? Quin és el perfil del bon governant? ¿Ha d'acudir a la política el que vulga o només els millors individus? Són els més votats o populars necessàriament els millors? ¿Quina relació hi ha entre el govern de la pròpia ànima i el govern de l'Estat? ¿És possible formar els dirigents per al bon govern de l'Estat? En cas afirmatiu, quina formació haurien de rebre?
EDUCACIÓ	Què és realment educar? ¿Per què educar, és a dir, quins fins ha de perseguir l'educació? I quina és la millor manera d'aconseguir-los? Quina diferència hi ha entre instruir i educar? ¿Basta el coneixement per a educar integralment la persona, també en la seua faceta moral?
TEMES RELACIONATS	El més normal, no obstant això, és que el títol de la redacció exigisca que es posen en relació dos o més temàtiques. En aquest cas és fonamental captar els punts de connexió i plantejar preguntes que relacionen ambdues temàtiques.

6 LA QUARTA QÜESTIÓ: RELACIONAR O ACTUALITZACIÓ

DE QUÈ ES TRACTA?

- Es tracta que comentes qualsevol aspecte de la filosofia de l'autor del text relacionant-la amb:
  - El pensament d'altres filòsofs: poden ser filòsofs anteriors que han influït o marcat la seua filosofia positivament o negativament; qualsevol filòsof de qualsevol època a què s'assembla o, al contrari, del qual es diferencia clarament; filòsofs posteriors que han rebut la influència de l'autor estudiat, etc.
  - Fets històrics rellevants: sobretot fets relacionats amb el context històric que va viure l'autor o fets de la seua biografia que puguen relacionar-se amb la seua filosofia.
  - Finalment, també pots en aquesta pregunta deixar de banda tot l'anterior i centrar-te a relacionar qualsevol aspecte de la filosofia de l'autor amb alguna problemàtica actual del món contemporani d'ordre polític, filosòfic, religiós, social, científic, humà, etc.
- L'avantatge d'aquesta pregunta és que és completament oberta i, per tant, eres tu qui decideix.
- Però no et confies, convé portar-la a l'examen molt ben preparada.
- Intenta ser original. No contestes el mateix que farà la majoria dels teus companys.
- Intenta parlar d'aspectes o d'autors que no has tractat en les qüestions anteriors, és a dir, no et repetisques.
- Sigues concret i centra't en un sol aspecte, però ben desenvolupat.
- No has d'estendre't excessivament, tin en compte que només hi ha 1 punt en joc i només disposes de 90 minuts per fer l'examen.
- Per orientar-te en aquesta pregunta hem plantejat activitats de relacionar i d'actualització en cada bloc temàtic.

7 EXEMPLE D'EXAMEN RESOLT

TEXT DE L'EXAMEN: Capítol XVIII complet. "Llibre VI"

1a QÜESTIÓ: "Sintetitza les idees del text mostrant en el teu resum l'estructura argumentativa o expositiva desenvolupada per l'autor".

RESPOSTA: Veure la síntesi d'idees del capítol XVIII, que proposem en l'apartat **"Activitats de síntesi d'un text i d'argumentació"** corresponent al Bloc 1. Com que es tracta d'un text fonamentalment expositiu (encara que amb algun paràgraf argumentatiu), hem optat per triar aquest model de presentació de les idees principals del text.

2a QÜESTIÓ: "Defineix els termes relacionats *el múltiple* i *Idea* partint de la informació oferida pel text i completant-la amb el coneixement que tingues de la filosofia de l'autor".

Amb el terme *el múltiple* es refereix Plató a les realitats sensibles, en contraposició a les Idees, que formen part de la realitat intel·ligible. En el text Plató al·ludeix al múltiple amb expressions com ara "moltes coses bones", "moltes coses belles", etc., que es contraposen al "bell en si i el bé en si", expressions referides a les Idees de Bellesa i de Bé. I és que una de les qualitats del món sensible és la multiplicitat, mentre que les Idees són úniques. Així, hi ha una sola Idea d'una multiplicitat de coses sensibles, i aquesta Idea és l'essència de totes elles, a la qual es refereix el text amb l'expressió *el que és*. El text diu també que "el múltiple", és a dir, la realitat sensible, és "vist, però no concebut", mentre que les Idees, en canvi, són realitats "concebudes, però no vistes", per tant el múltiple és accessible a la vista i als altres sentits, mentre que les Idees són accessibles només a la intel·ligència, però no als sentits, és a dir, són intel·ligibles.

Ja fora del text, el que Plató anomena món sensible (el món "del múltiple") és un món d'objectes materials, canviants, sotmesos al naixement i a la destrucció, no permanents i imperfectes. En canvi, les Idees, a banda de ser realitats intel·ligibles i invisibles ("concebudes, però no vistes") i de ser úniques, com diu el text, són a més immaterials, immutables i eternes. Cada Idea és un model perfecte i ideal que constitueix l'essència comuna a una multiplicitat de coses sensibles, les quals la imiten de manera més o menys imperfecta, tal com una ombra imita l'objecte que la produeix. Per això per a Plató les Idees constitueixen la verdadera realitat i la causa del ser de les coses sensibles.

3a QÜESTIÓ: Redacció filosòfica. "*L'intel·lectual i l'acció política*"

[I. INTRODUCCIÓ]

En aquesta redacció se'ns planteja el problema de la relació entre l'intel·lectual i la política, entre la filosofia i la política. ¿Ha de romandre l'intel·lectual al marge dels problemes polítics i socials del seu temps, acontentant-se amb analitzar la realitat a distància i sense intentar canviar-la? ¿O, al contrari, ha d'implicar-se en els problemes del seu entorn, proposar solucions i prendre partit? Al llarg de la història del pensament han sigut diverses les postures davant d'aquestes qüestions. Sens dubte Plató tria la segona alternativa. Però si optem per ella sorgeixen al seu torn nous interrogants: per quines raons l'intel·lectual ha de comprometre's políticament? De quina manera ha d'incidir el treball de l'intel·lectual en l'acció política? Cal deixar el poder polític exclusivament en mans dels millor preparats? I com reconéixer-los? Quins perills pot comportar això? Al llarg d'aquesta redacció tractarem d'exposar la postura de Plató en relació amb aquestes qüestions. El nucli de la nostra exposició serà la proposta platònica del filòsof-governant, que serà necessari enquadrar dins de la filosofia platònica en general i, fonamentalment, dins del marc de la teoria de les idees.

[II. DESENVOLUPAMENT]

- En la "Carta VII" Plató exposa clarament la motivació política de la seua filosofia. En efecte, després d'haver viscut molt de prop els avatars polítics que van commoure la vida política d'Atenes (la Guerra contra Esparta, el violent i sanguinari Govern dels Trenta Tirans, la reinstauració democràtica de Trasíbul i la injusta condemna i mort de Sòcrates), Plató va arribar a la conclusió que "tots els Estats estan sense excepció mal governats", i que els mals de la humanitat no tindran remei fins que els governants es facen filòsofs o els filòsofs ocupen el poder. Aquesta és, en síntesi, la seua proposta política del filòsof-governant. Però, com la justifica? Per què el filòsof és el millor governant? Segons Plató, la vertadera filosofia és l'única que pot proporcionar-nos una visió perfecta i total del que és just, i només si els governants tenen aquesta visió podran governar justament i serà possible la ciutat justa. A la base d'aquesta justificació podem reconéixer la influència de l'intel·lectualisme moral del seu mestre Sòcrates, per a qui la virtut és coneixement. Sòcrates pressuposava que es pot aconseguir un coneixement objectiu i universal de la justícia i de les altres virtuts, i que sense aquest coneixement és impossible arribar a ser just i virtuós. Amb la Teoria de les Idees, Plató va encara més lluny i afirma l'existència de certes realitats eternes, immutables, subsistents, immaterials, objectives i cognoscibles mitjançant la intel·ligència, que són els models ideals o paradigmes que, d'una manera imperfecta, són imitats per les coses canviants del món sensible i material. Aquestes realitats, les Idees, són les que constitueixen el vertader objecte de la filosofia. Entre elles es troben els valors ètics i morals, com ara el Bé en si i la Justícia en si, el coneixement dels quals és indispensable per al bon governant.
- PER TOT EL QUE S'HA EXPOSAT, Plató confereix una importància fonamental a l'educació del governant, que tindrà com a meta aconseguir el coneixement de les Idees eternes i absolutes, culminant amb la contemplació de la Idea del Bé. En conéixer el Bé en si, el filòsof gover-

nant sabrà també en què consisteix el bé de l'Estat i podrà governar d'acord amb això, inspirant-se en els principis eterns de Justícia i de Bé. Plató fundà l'escola de filosofia anomenada Acadèmia amb la pretensió d'educar-hi els futurs filòsofs-governants; també els seus viatges a Siracusa són un intent d'educar filosòficament els tirans d'aqueixa ciutat i portar a la pràctica la seua teoria política. Finalment, la seua obra *La República* intenta plasmar el que seria l'Estat Ideal, i té com a imprescindible rerefons la teoria de les idees. Plató és, per tant, un exemple viu d'intel·lectual compromés amb la reforma de la vida política del seu temps.

- NO OBSTANT AIXÒ, la postura de Plató contrasta amb la d'altres intel·lectuals de la seua època: els sofistes. Es tracta d'intel·lectuals compromesos amb el règim polític vigent, la democràcia. Tal vegada injustament, Plató només els veu com a simples "intel·lectuals a sou", al servei de qui els requereix per a formar-se com a polític d'èxit. Segons l'opinió de Plató, aquests intel·lectuals es limiten a considerar i ensenyar com a just i bo allò que a la majoria, més o menys ignorant, li agrada (empirisme polític). Així, no aspiren a canviar ni a millorar res, sinó que contribueixen a perpetuar i justificar el que hi ha.
- D'ALTRA BANDA, Plató critica la tendència de l'intel·lectual a acontentar-se amb el pur coneixement sense passar a l'acció. Per això afirma que cal obligar els filòsofs a què s'ocupen dels altres i assumisquen la direcció política de l'Estat: el filòsof ha de ser, al mateix temps, home de coneixement i home d'acció. El mite de la caverna ho reflecteix molt bé: el presoner alliberat, després d'aconseguir una visió clara de la vertadera realitat, ha de ser obligat a descendir de nou a la caverna, per seleccionar i educar les millors naturaleses i per governar la resta, sempre a la llum del coneixement de la vertadera justícia i del bé. Els millors membres d'una societat han de posar-se al seu servei, al servei del bé comú, i fins i tot sacrificar-hi el propi bé individual, convertint-se en reformadors polítics i socials, encara que en fer-ho posen en perill la pròpia vida, com també reflecteix el mite, o s'hagen de sacrificar.

[III. CONCLUSIÓ]

CONCLOENT, en resposta a la situació política del seu temps, Plató considera que és vital per al funcionament de l'Estat la formació filosòfica, intel·lectual i moral, dels governants, cosa que requereix el coneixement de les Idees eternes. És per això que en el "Llibre VII" de *La República* ens exposa amb detall com procedir per seleccionar i educar els millors. ¿Qui, sinó els millors i més savis, ha d'ocupar-se de la política, de quelcom tan important com la direcció de l'Estat, encara que els supose renúncies i sacrificis? En definitiva, Plató planteja una qüestió molt actual, la de si els intel·lectuals han d'assumir compromisos polítics. I respon que hi ha una indissoluble unió entre filosofia i política, entre treball intel·lectual i acció política. Hem vist com no sols la seua obra, sinó també la seua vida, són una clara mostra d'això. Per a Plató, el pensament i la filosofia serveixen de ben poc si no aspiren també a transformar i millorar la realitat. Però, com hem vist, la proposta política platònica és bastant elitista, una "aristocràcia del saber", un govern dels intel·lectuals que exclou els no educats de la participació en les decisions polítiques, amb el consegüent perill de totalitarisme que alguns pensadors partidaris de la democràcia han criticat. Tanmateix la proposta platònica ha de fer-nos reflexionar sobre l'enorme importància de l'educació per al bon funcionament de la vida política: ¿com pot funcionar bé una democràcia si el poble que ha de prendre decisions polítiques no té saber ni formació ètica i és incapaç de mirar més enllà dels seus interessos privats individuals? Només una educació que permeta la formació intel·lectual i moral del major nombre de ciutadans possibilitaria una democràcia saludable. Però aquest tema ens portaria més enllà de la filosofia platònica i del propòsit de la nostra redacció.

4a QÜESTIÓ: Pregunta lliure de relacionar o d'actualització. Comenta breument qualsevol aspecte del pensament de l'autor del text que jutges important en algun d'aquests sentits: per la seua relació amb el d'altres filòsofs, amb fets històrics rellevants (especialment si són coetanis a l'autor o tenen relació amb la seua vida) o amb trets significatius del món contemporani".

RELACIÓ ENTRE PLATÓ I PARMÈNIDES: *Parmènides d'Elea fou un filòsof itàlic que va viure entre els segles VI i V a.C. i que influí poderosament en la filosofia de Plató. Aquest acceptarà d'ell l'oposició entre el saber enganyós que ens ofereixen els sentits, i el coneixement verdader que ens ofereix la raó, entre aparença sensible i realitat autèntica. Així, la distinció de Parmènides entre la via de l'opinió i la via de la veritat pot ser considerada com un antecedent de la posterior distinció platònica entre opinió i coneixement científic. A més, les Idees platòniques —l'objecte propi del coneixement— tenen característiques semblants al Ser de Parmènides: són també ingènites i imperibles, eternes i immutables. Finalment, Plató pren de Parmènides la convicció que la veritat és quelcom únic, absolut, universal i permanent, i no relatiu o subjectiu com pretenien els sofistes.*

VI. Vocabulari

ÀNIMA-COS. Plató defén un dualisme antropològic, segons el qual l'ésser humà és un compost d'una ànima immaterial i immortal i d'un cos material i mortal. L'ànima és per a Plató el principi que infon vida al cos, i també, en els éssers humans, el principi del saber, ja que la seua funció característica és el coneixement de la veritat. Influenciat pels pitagòrics, Plató defén que l'ànima ha tingut una existència anterior, i tendeix a alliberar-se del cos, que constitueix en realitat la seua presó. Cal distingir a més tres parts en l'ànima: la racional, la irascible i l'apetitiva.

ANTROPOLOGIA (del grec *anthropos*, que significa "ésser humà"). En general, s'entén per antropologia la branca del saber que s'ocupa de l'estudi de l'ésser humà i de la seua naturalesa. Pel que fa a l'antropologia platònica en particular vegeu ÀNIMA-COS.

ARETÉ. Vegeu VIRTUT.

ARISTOCRÀCIA. Generalment, s'ha d'entendre per aristocràcia el govern dels millors (en grec, els *aristoí*). Plató proposa com a forma ideal de govern una aristocràcia, però cal deixar molt clar que no es tracta del govern dels millors per motiu de nissaga, de sang o de naixement, sinó dels millors en virtut i en saber, i aquests són els filòsofs.

COGNOSCIBLE. Adj. Que es pot conéixer. Sinònim d'intel·ligible. El contrari és incognoscible, inintel·ligible.

CONEIXEMENT, CIÈNCIA O CONEIXEMENT CIENTÍFIC. Amb aquestes tres expressions indistintament sol traduir-se al valencià el terme grec *episteme*. Per a Plató l'*episteme* o coneixement es contraposa a la simple OPINIÓ (vegeu). El coneixement és sempre per a Plató coneixement de l'autènticament real, de l'essència eterna i immutable de la realitat, és a dir, de les Idees. És per tant universal i objectiu, i només pot aconseguir-se mitjançant la intel·ligència, no els sentits. Plató distingeix dos nivells de coneixement científic: el *discerniment (dianoia)* i la *intel·lecció o coneixement pròpiament dit en sentit estricte (noesis)*. En el mite de la caverna el coneixement està representat per la "visió de les coses de dalt".

COSMOS. Paraula d'origen grec que significa "ordre i bellesa", en contraposició al caos o desordre. Des dels grecs apliquem aquesta paraula també a l'univers, perquè ells van ser els primers a adonar-se que aquest era quelcom bell, harmònic i ordenat segons lleis, és a dir, un "cosmos".

DEMIÜRG (del grec *demiourgón*, que significa artesà). Plató anomena "Demiürg" una intel·ligència suprema, de caràcter diví, ordenadora del món sensible. El Demiürg ha creat el món físic: ha donat forma a una matèria, preexistent i amorfa, prenent com a model el món de les Idees eternes. Ha seguit per tant un pla racional per tal de fer-lo el més bo i el més bell possible.

DEMOCRÀCIA. Generalment, s'entén per democràcia la forma de govern o d'organització política de la societat en què el poble assumeix la direcció dels assumptes polítics i els càrrecs públics són elegits per sorteig o per votació de la majoria. Plató es mostra crític amb la democràcia atenesa, l'acusa de ser la causant de la ruïna política i militar d'Atenes en l'últim quart del segle V a.C., i li sembla una insensatesa deixar en mans d'un poble ignorant i manipulable quelcom tan important com la direcció política de l'Estat. Proposarà, com a alternativa a aquesta forma de govern, una aristocràcia del saber i de la virtut. Vegeu ARISTOCRÀCIA.

DIALÈCTICA (del grec *dialogos*, "a través del logos, a través de la raó i el discurs"). 1. Ciència suprema sobre les Idees i les relacions entre elles i, en especial, de la seua relació amb la Idea suprema de Bé. És l'única capaç d'oferir-nos veritable coneixement (noesis), i l'últim i principal ensenyament en l'educació del filòsof governant. 2. Plató anomena també dialèctica o art dialèctic el mètode dialèctic pròpiament dit, és a dir, el mètode que la ciència dialèctica empra per arribar al coneixement de les Idees, i molt especialment de la Idea del Bé.

DISCERNIMENT (en grec *dianoia*). En el "Llibre VI" Plató anomena discerniment o pensament deductiu un determinat nivell de coneixement o claredat, intermedi entre l'opinió i la intel·lecció (*noesis*) de les Idees. És l'estat mental en què es troba el matemàtic quan dirigeix les seues investigacions a l'estudi dels objectes matemàtics, que són també intel·ligibles, però constitueixen només una còpia de les Idees.

DOXA. Vegeu OPINIÓ.

EDUCACIÓ. Plató entén la vertadera educació com l'art que té com a finalitat encaminar l'ànima de qui s'educa cap a l'àmbit de les Idees, on trobarà el coneixement de la veritat i del bé. Per a això ha d'aconseguir fer que l'ànima aparte la mirada del sensible i material, on només trobarà simples opinions i meres aparences del bé. Tanmateix, només les millors naturaleses hauran de ser educades en aquest sentit, per responsabilitzar-se posteriorment de la missió de governar, tenint en compte les Idees eternes de Bé, de Justícia, de Bellesa, etc. L'educació, doncs, està subordinada als propòsits de la política.

EMPIRISME POLÍTIC. Teoria o actitud defensada pels sofistes i criticada per Plató, que consisteix a afirmar que el just és allò que el poble ("els presoners de la caverna") de fet pren per just. Els sofistes es limiten a investigar quins són els desitjos i apetències del poble, erigeixen en valors morals aquests mateixos apetits i desitjos, i ensenyen als seus deixebles com han d'actuar i governar si volen agradar al poble i assolir l'èxit en política.

EPISTEME. Vegeu CONEIXEMENT, CIÈNCIA O CONEIXEMENT CIENTÍFIC.

EPISTEMOLOGIA. Generalment, teoria del coneixement. Es considera l'epistemologia com aquella branca de la filosofia que s'ocupa de problemes relacionats amb el coneixement, problemes com els següents: És possible el coneixement de la veritat? Com és possible conéixer la veritat? És tota veritat sempre relativa?, etc. Allò fonamental de l'epistemologia platònica és la defensa de l'existència en l'ànima de certs coneixements innats (teoria de la reminiscència), així com la distinció entre dos nivells o graus de saber (coneixement i opinió, dualisme epistemològic), i la possibilitat de conéixer veritats eternes, universals i objectives.

EPISTEMOLÒGIC. Generalment, relatiu al coneixement. Vegeu EPISTEMOLOGIA.

ESDEVENIR. Sinònim de canvi, moviment. Per a Plató l'esdevenir és una realitat intermèdia entre el no ser (el pur no res) i el ser (el que sempre roman idèntic a si mateix, el que no canvia mai), perquè les coses que canvien o esdevenen estan sempre deixant de ser el que són per començar a ser el que encara no són. L'esdevenir és una de les característiques fonamentals del MÓN SENSIBLE (vegeu el terme).

ESSÈNCIA. Generalment, en filosofia s'ha denominat essència la naturalesa última i invariable d'una cosa o de la realitat en general, que constitueix, per dir-ho així, el seu veritable ser, i basant-se en la qual s'explica el seu comportament. Per a Plató les essències de les coses són les Idees eternes, immutables i immaterials, i es troben "separades" de les coses sensibles. Vegeu IDEES, MÓN SENSIBLE.

ESTATALISME. Ideologia política segons la qual el bé de l'Estat o de la comunitat està per damunt del bé de l'individu. O també, concepció que considera que el bé de l'individu està supeditat al de l'Estat. Filosofies i ideologies polítiques molt oposades entre si han defensat o han conduït a concepcions estatalistes: el propi Plató, Hegel, el socialisme marxista, el nazisme, etc.

ÈTICA. En l'Antiga Grècia l'Ètica era considerada com un saber o branca de la filosofia que tenia com a objectiu orientar l'ésser humà en la recerca de la virtut i de la felicitat. Vegeu VIRTUT.

FILÒSOF GOVERNANT. Proposta política de Plató, segons la qual els mals de la humanitat no cessaran fins que els filòsofs assumisquen la direcció dels assumptes de l'Estat o els governants es convertisquen, convenientment educats, en filòsofs. A la base d'aquesta teoria es troba la influència de l'intel·lectualisme moral socràtic. Vegeu INTEL·LECTUALISME MORAL i ARISTOCRÀCIA.

FILÒSOFS DE LA NATURALESA. Sota aquesta denominació s'al·ludeix a la major part dels anomenats filòsofs presocràtics, els quals prengueren com a objecte de les seues investigacions filosòfiques l'estudi de l'univers físic i dels fenòmens naturals. Plató rebutja aquest enfocament filosòfic, ja que se centra en l'estudi del món sensible i material.

GNOSEOLOGIA, GNOSEOLÒGIC. Sinònims d'EPISTEMOLOGIA i d'EPISTEMOLÒGIC, respectivament.

HIPÒTESI. Supòsit no demostrat. Segons Plató, tant el mètode del matemàtic com el dialèctic parteixen d'hipòtesis no fonamentades. Però el matemàtic pren aquestes hipòtesis, no com a hipòtesis, sinó com si foren principis ja fonamentats, a partir dels quals fa les demostracions. El dialèctic, en canvi, posa a prova les seues hipòtesis o supòsits, mitjançant la crítica racional i els arguments, per elevar-se així, d'hipòtesi en hipòtesi, fins a assolir una definició que resistisca tota crítica i arreplegue l'essència d'allò investigat (la Idea).

IDEA DEL BÉ: És la Idea suprema, representa la màxima perfecció i, per tant, el més real. És també l'expressió de l'ordre i de la unitat del món de les Idees. Totes les altres Idees participen d'ella. És causa de la seua realitat i de la seua cognoscibilitat. El seu coneixement és l'objectiu últim de l'educació filosòfica del governant, perquè es requereix per posar ordre tant en la pròpia ànima com en la societat.

IDEES O FORMES (*eidos*, en grec). Segons Plató les Idees són realitats immaterials, conceptuals, eternes, immutables, transcendents, només accessibles a la intel·ligència, que constitueixen les essències, models perfectes i ideals que les coses sensibles imiten o copien de manera imperfecta. Les Idees són per tant la causa del ser de les coses sensibles, i existeixen amb independència de la ment i de les opinions humanes. Vegeu MÓN DE LES IDEES.

IMITACIÓ (en grec *mímesis*). Terme usat per Plató per a expressar la relació entre les coses sensibles i les Idees. Així, podem dir que les coses sensibles són el que són en la mesura que imiten o copien les Idees, les quals constitueixen l'essència i la causa del seu ser.

INTEL·LECCIÓ O NOESIS. 1. Acte mitjançant el qual l'ànima capta les Idees o essències. 2. En el símil de la línia la intel·lecció representa el màxim grau de coneixement i de claredat; és l'estat mental en què es troba qui ha accedit a la contemplació del màximament real, les Idees.

INTEL·LECTUALISME MORAL. Teoria ètica pròpia de Sòcrates, que pot resumir-se en l'afirmació que la virtut és coneixement, i el vici és ignorància. Plató accepta del seu mestre aquest punt de vista i l'aplicarà també al terreny de la política. El resultat d'això serà la proposta platònica del filòsof governant. Vegeu FILÒSOF GOVERNANT.

INTEL·LIGÈNCIA O NOUS. Òrgan o facultat innata de l'ànima que podem identificar amb la que Plató denomina part racional de l'ànima, mitjançant la qual és possible conéixer la veritat, sempre que la seua recerca s'oriente en la direcció correcta (l'intel·ligible). Vegeu VIRTUT DEL CONEIXEMENT, ÀNIMA i EDUCACIÓ.

INTEL·LIGIBLE. Generalment, que es pot intel·ligir o entendre. En aquest sentit és sinònim de cognoscible. En Plató l'intel·ligible és, a més, un tipus de realitat que constitueix l'objecte del coneixement pur, sense cap intervenció dels sentits. Vegeu MÓN INTEL·LIGIBLE, REALITATS INTEL·LIGIBLES.

JUSTÍCIA. Plató utilitza aquesta expressió en sentits diferents: 1. Influenciat pels pitagòrics, identifica la justícia en general amb l'harmonia o l'equilibri. En aquest sentit cal distingir al seu torn entre: a) La justícia com a virtut individual, que consisteix en l'harmonia entre les tres parts de l'ànima, i b) La justícia de l'Estat, que consisteix en l'harmonia entre les tres classes que el componen. 2. En segon lloc, amb l'expressió *justícia en si* Plató es refereix a la Idea de Justícia, eterna, atemporal, immaterial i independent de les opinions humanes. Tant la justícia de l'individu com la de l'Estat participen d'aquesta Idea de Justícia. 3. Finalment, per justícia empírica o material cal entendre la justícia dels humans, expressada normalment a través de lleis canviants en cada ciutat i en cada època. Plató esmenta la justícia empírica amb l'expressió *imatges del just*, perquè en realitat no és més que una còpia imperfecta de la Idea eterna de Justícia.

MATÈRIA. En la cosmologia platònica, element amorf, preexistent, mòbil i caòtic que constitueix la base a partir de la qual el Demiürg crea el món físic, imprimint-li forma i modelant-la a la manera com un terrisser modela l'argila, i prenent com a model el món de les Idees. Vegeu DEMIÜRG.

MÓN DE LES IDEES. Món d'essències eternes i immutables, jerarquitzades al voltant de la Idea Suprema de Bé. El món de les Idees representa l'ordre etern del ser, i es situa en un pla de realitat transcendent i immaterial. Vegeu IDEES, MÓN SENSIBLE i TRANSCENDENT.

MÓN INTEL·LIGIBLE, REALITATS INTEL·LIGIBLES. Representa l'esfera de les realitats immaterials, eternes i immutables, abstractes i invisibles. Tot i que de vegades s'utilitza com a sinònim de món de les Idees, cal tenir en compte que el món intel·ligible comprén tant les Idees com els objectes matemàtics, que encara que són també immaterials, eterns i immutables, constitueixen un nivell de realitat inferior al de les Idees.

MÓN SENSIBLE. És el món de les realitats materials, canviants, sotmeses permanentment a l'esdevenir, al naixement i a la mort. És el món de les coses que percebem mitjançant els sentits, creades a imitació de les Idees eternes. El món sensible és el món dels éssers naturals i materials, però també el món dels assumptes humans (la justícia humana, la política, la societat, etc.).

OLIGARQUIA. Forma de govern en què el poder i la direcció de l'Estat està en mans d'una minoria o d'un reduït nombre de famílies, normalment pertanyents a la classe social alta.

ONTOLOGIA. Generalment, s'anomena ontologia la Teoria de la realitat, part de la filosofia que s'ocupa d'investigar l'essència d'allò real. L'ontologia platònica estableix l'existència de dues classes o nivells de realitat (dualisme ontològic): la realitat sensible i la realitat intel·ligible.

ONTOLÒGIC. Generalment, referit a la realitat, a allò real, o a l'existència. Per exemple, un nivell ontològic és un nivell o grau de realitat; una ombra és ontològicament inferior a l'objecte que la produeix, és a dir, és menys real, li correspon un nivell inferior d'existència.

OPINIÓ O DOXA. Es tracta d'un saber superficial, poc fiable, aparent, relatiu i que té com a font, no la intel·ligència, sinó els sentits. L'objecte de l'opinió són les aparences, les coses materials i canviants del món sensible. Es contraposa al CONEIXEMENT CIENTÍFIC (vegeu el terme). Plató considera l'opinió com alguna cosa intermèdia entre la ignorància absoluta i el coneixement. En el mite de la caverna l'opinió està representada per la visió de les coses de l'interior de la caverna (ombres i estàtues que desfilen).

ORGANICISME. Generalment, es tracta d'una manera de concebre l'Estat que pren com a model l'organisme viu. Es pot dir que la concepció platònica de l'Estat és organicista, ja que, a semblança de l'organisme viu —en què cada òrgan o part acompleix una funció específica indispensable per al bon funcionament del conjunt—, en l'Estat platònic cadascuna de les tres parts o classes que el componen exerceix una funció pròpia —aquella per a la qual està més ben preparada per naturalesa i educació—, en benefici del conjunt sencer.

PARTICIPACIÓ (en grec *méthesis*). Terme mitjançant el qual Plató expressa la relació entre les coses sensibles i les Idees. Les coses sensibles són el que són perquè "participen" de les Idees.

POLÍTICA. Per a Plató la política és l'art de dirigir i d'organitzar sàviament l'Estat amb la finalitat d'assolir la justícia i el bé de la comunitat. Aquest art s'identifica en realitat amb la filosofia, perquè només qui haja comprés les essències eternes del Bé i de la Justícia podrà saber en què consisteix el bé i la justícia de l'Estat, i serà capaç de governar d'acord amb aquests principis.

RELATIVISME. 1. Teoria o punt de vista epistemològic segons el qual tota veritat és sempre relativa i no existeixen per tant veritats objectives i universalment vàlides. 2. Relativisme moral: teoria o punt de vista moral segons el qual allò que anomenem bo i dolent, just i injust i els valors morals en general són sempre relatius. Els sofistes defensaren tant el relativisme epistemològic com el moral, cosa que provocà les crítiques de Plató.

SOFISTES. Conjunt d'intel·lectuals i filòsofs que sorgiren a l'Atenes democràtica del segle V a.C., i que es dedicaren a formar i a educar ciutadans amb aspiracions polítiques. Defensaren teories com ara el relativisme o l'empirisme polític, que trobaren el rebuig i l'oposició de Sòcrates i de Plató. En el "Llibre VII" Plató critica la seua peculiar manera d'entendre l'educació.

TRANSCENDENT. Allò que està més enllà del material i sensible. Les Idees són transcendents respecte de les coses sensibles, ja que se situen en un pla de realitat superior, immaterial i conceptual.

VIRTUT (en grec, *areté*). 1. Sentit ampli: els grecs entenien per virtut d'una cosa aquella excel·lència, poder o capacitat per a produir un determinat efecte o acomplir bé una funció, que li és pròpia a aquella cosa. Aquest sentit del terme *virtut* pot aplicar-se tant a persones, com a animals, com a coses. Així, per exemple, podem parlar de la virtut d'unes herbes medicinals o de la virtut d'un cavall (la resistència i la velocitat), o d'un músic virtuós (hàbil en el seu instrument). En aquest sentit parla també Plató de la VIRTUT DEL CONEIXEMENT (vegeu el terme). 2. Sentit moral del terme: en sentit moral cal entendre per virtut una certa qualitat del caràcter o de l'ànima que ens predisposa a actuar moralment bé. En aquest sentit, la virtut perfecta per a Plató és la justícia, i altres virtuts parcials són també la prudència o saviesa (virtut de la part racional de l'ànima), la valentia (virtut de la part irascible) i la moderació (virtut de la part apetitiva).

VIRTUT DEL CONEIXEMENT. Segons Plató, la capacitat, poder o facultat innata i present en l'ànima de cada persona, mitjançant la qual és possible assolir el coneixement de la veritat i del bé, sempre que siga dirigida convenientment mitjançant una educació apropiada.

BIBLIOGRAFIA SOBRE PLATÓ

ABAGNANO, N., *Historia de la filosofía*, vol. 1, Hora S.A., Barcelona, 1982.
COPLESTON, F., *Historia de la filosofía*, vol. 1, Ariel, Barcelona, 1981.
CORNFORD, F. M., *Antes y después de Sócrates*, Ariel, Barcelona, 1980.
FERNÁNDEZ ADRADOS, F., *La democracia ateniense*, Madrid 1975.
GRUBE, G. M. A., *El pensamiento de Platón*, Gredos, Madrid 1979.
JAEGUER, W., *Paideia*, Fondo de Cultura Económica, México 1981.
LLEDÓ, E. *La memoria del Logos*, Taurus Humanidades, Madrid, 1989.

BIBLIOGRAFIA SOBRE DIDÀCTICA DE LA FILOSOFIA

AGUILAR, C. y VILANA, V., *Teoría y práctica del comentario de texto filosófico*, Síntesis, Madrid, 1996.
CABALLERO, F. y LARRAURI, M., *Filosofía. Preparar la selectividad*, Santillana, Madrid, 1994.
CABALLERO, F. LARRAURI, M. y MONROIG, V., *Herramientas para filosofar*, Tàndem Edicions, València, 1998.